Lothar-Rüdiger Lütge

Die Illusion der Autonomie!
Wo sind die Erleuchteten?

Warum nur Gott das Tor zur
Ewigkeit öffnen kann.

Verlag:
BoD · Books on Demand GmbH,
Überseering 33, 22297 Hamburg,
bod@bod.de
Druck:
Libri Plureos GmbH,
Friedensallee 273, 22763 Hamburg

ISBN: 978-3-8192-6701-7

Lothar-Rüdiger Lütge

Die Illusion der Autonomie!
Wo sind die Erleuchteten?

Warum nur Gott das Tor zur
Ewigkeit öffnen kann.

Inhalt

Die tiefe Verbindung zwischen personalem Gott und Individualität

Meditation, Yoga, Achtsamkeit & Co. – Was geschieht wirklich?

Funktionale Effekte vs. spirituelle Tiefe

Was fehlt, wenn der transzendente Bezug fehlt?

Analyse des Begriffs anhand der Wikipedia-Definitionen

Unsere Definition – Erleuchtung als realer Zugang zur Transzendenz

Wenn niemand erleuchtet ist – was sagt das über das System?

13

Der Ruf Gottes an jeden Einzelnen

Der Ernst und die Schönheit der Entscheidung

Einleitung

Warum dieses Buch notwendig ist

Es gibt Bücher, die geschrieben werden, um zu informieren. Es gibt Bücher, die unterhalten wollen. Und es gibt Bücher, die entstehen, weil ein bestimmter Gedanke, eine bestimmte Erkenntnis, sich nicht mehr verdrängen lässt – weil sie ans Licht drängt, ausgesprochen und begründet werden will. Dieses Buch gehört in die letzte Kategorie.

Denn wir leben in einer Zeit, in der sich die spirituelle Orientierungslosigkeit des modernen Menschen nicht mehr kaschieren lässt. Die traditionellen Religionen werden vernachlässigt, umgedeutet oder verlassen. Ihre Lehren erscheinen vielen als überholt, ihre Rituale als leer, ihr Gott als stumm. Und in dieses Vakuum sind neue Glaubenssysteme eingetreten – oft ohne dass ihre Anhänger sie überhaupt als „Glaubenssysteme" erkennen. Begriffe wie „Selbstverwirklichung", „Erleuchtung", „Spiritualität", „Bewusstseinserweiterung" oder „innere Entwicklung" sind allgegenwärtig – von Yogastudios bis zu

Universitätsseminaren, von Esoterikmessen bis in den therapeutischen Mainstream.

Doch so verschieden diese Strömungen auch sein mögen – sie alle teilen eine zentrale Annahme: Dass der Mensch sich selbst erlösen kann.

Dass er durch bestimmte Techniken, Praktiken, Einsichten oder Disziplinen aus eigener Kraft einen höheren Zustand erreichen kann – sei es Erleuchtung, Erlösung, Transzendenz oder wie immer man diesen Zustand benennen möchte. Und genau an diesem Punkt erhebt sich der Einwand, der zur Grundlage dieses Buches geworden ist:

Selbsterlösung ist eine Illusion.

Diese Illusion ist nicht nur harmlos oder naiv. Sie ist gefährlich – weil sie eine trügerische Hoffnung nährt und den Blick auf die einzige wirkliche Quelle der Erlösung verstellt. Sie ist eine subtile Form des Hochmuts, oft maskiert als Demut. Und sie ist eine der größten geistigen Verirrungen der Moderne.

Wer sich selbst erlösen will, geht von Voraussetzungen aus, die sich bei näherer Betrachtung als falsch erweisen. Er setzt ein Gottesbild voraus, das entweder unpersönlich, wirkungslos oder schlichtweg inexistent ist. Er glaubt an eine transzendente Realität, ohne die Bedingungen für Transzendenz überhaupt benennen zu können. Und er macht sich selbst – bewusst oder unbewusst – zum Gott seines eigenen Heils.

Dieses Buch will zeigen, warum genau das nicht funktionieren kann. Es will darlegen, dass nur ein transzendenter, personaler Gott – also ein Gott, der jenseits der Schöpfung steht und zugleich in Beziehung zum Menschen tritt – überhaupt die strukturellen Voraussetzungen für Erlösung bietet. Und es will aufzeigen, warum allein in der Gestalt von Jesus Christus diese Beziehung eine konkrete, lebendige, rettende Form angenommen hat – nicht als Theorie, sondern als realer Einbruch der Transzendenz in unsere Welt.

Dabei geht es nicht um Religionskritik im engeren Sinne. Dieses Buch will keine Kulturen entwerten, keine spirituellen Traditionen verspotten, keine historischen Lehrer herabsetzen. Es will verstehen – und zugleich unterscheiden. Es will die Frage stellen, was wirklich trägt. Was Bestand hat. Was uns am Ende bleibt, wenn alle Illusionen entlarvt sind.

Wir schreiben dieses Buch nicht gegen jemanden – sondern für die Wahrheit.
Und die Wahrheit ist: Nur Christus öffnet das Tor zur Ewigkeit.

Persönlicher Zugang und Kontext

Dieses Buch ist nicht aus theoretischem Interesse entstanden. Es ist auch nicht das Ergebnis einer distanzierten akademischen Untersuchung. Es ist vielmehr das Resultat einer jahrzehntelangen, persönlichen und existenziellen Suche – einer Reise durch unterschiedlichste religiöse, spirituelle und philosophische Systeme, die letztlich zu einer klaren Erkenntnis geführt hat:
Es gibt keinen anderen Weg zur Erlösung als durch Jesus Christus.

Ich schreibe das nicht leichtfertig. Und ich schreibe es nicht, weil ich es von Kindheit an geglaubt hätte. Im Gegenteil: Mein Weg war alles andere als geradlinig. Ich habe den christlichen Glauben meiner Kindheit früh hinter mir gelassen und mich viele Jahre lang intensiv mit östlichen Weisheitslehren, mystischen Traditionen, esoterischen Systemen und psychologischen Schulungen beschäftigt. Ich habe meditiert, Yoga geübt, Mantras rezitiert, Rituale durchgeführt, Seminare besucht, spirituelle Lehrer konsultiert, Gruppen angeführt und Bücher gelesen – in großer Zahl.

Ich habe versucht zu verstehen. Zu durchdringen. Zu „erwachen". Und über viele Jahre war ich davon überzeugt, dass es möglich sei, durch eigene Anstrengung – sei sie geistiger, seelischer oder spiritueller Art – zu einem höheren Bewusstsein zu gelangen, das mich befreit. Ich habe den Gedanken der Selbsterlösung nicht nur akzeptiert – ich habe ihn gelebt. Und ich weiß daher sehr genau, wovon ich spreche, wenn ich ihn heute als Illusion bezeichne.

Was hat diese Illusion zerstört?

Nicht ein einzelnes Ereignis, sondern die nüchterne Bilanz von Jahrzehnten. Ich habe unzählige Menschen kennengelernt, die wie ich auf der Suche waren – oft voller Ernst, Disziplin und Aufrichtigkeit. Und ich habe niemanden gefunden, der durch diese Wege jenes Ziel erreicht hätte, das all diesen Pfaden als Verheißung zugrunde liegt.

Ich kenne keine Erleuchteten!

Ich kenne viele, die ruhiger wurden, entspannter, gesünder vielleicht. Aber niemanden, der durch eigene Praxis einen Zugang zur Transzendenz gewonnen hätte. Niemanden, der durch eigene Anstrengung über die Schwelle des Todes hinausgeschaut hätte. Niemanden, der das Absolute berührt, geschweige denn betreten hätte.

Und so begann sich – langsam, aber unumkehrbar – ein Verständnis durchzusetzen, das ich lange Zeit nicht zulassen wollte:
Dass der Mensch sich selbst nicht erlösen kann.
Dass alle Techniken, Methoden, Schulen und Praktiken an einer einzigen Grenze zerschellen: an der Tatsache, dass das Geschöpf sich nicht selbst vergöttlichen kann. Dass ein endliches Wesen nicht aus sich heraus das Unendliche gebären kann. Und dass Bewusstsein – wahres, transzendentes Bewusstsein – nicht aus der Materie entsteht, sondern nur von einem bewussten, personalen Ursprung herkommen kann.

Diese Erkenntnis hat mich zurückgeführt. Nicht in irgendein System, nicht in eine fremde Tradition, sondern an meinen eigenen Anfang. An den Anfang meines Lebens. Und an den Ursprung der Wahrheit selbst. Sie hat mich zurückgeführt zu Christus.

Ich schreibe dieses Buch also nicht aus Distanz, sondern aus Nähe. Nicht als Außenstehender, sondern als jemand, der den Irrweg gegangen ist und umgekehrt ist. Als jemand, der den weiten Bogen geschlagen hat – und schließlich erkennen musste, dass alle Antworten, die ich suchte, längst gegeben waren.
Nicht in mir.
Sondern durch den, der gesagt hat:
„Ich bin der Weg, die Wahrheit und das Leben. Niemand kommt zum Vater außer durch mich."

Dieses Buch ist ein Zeugnis. Und ein Versuch, den Weg, den ich gegangen bin, in Worte zu fassen – damit andere sich manche Umwege ersparen. Oder – wenn sie sie dennoch gehen müssen – wenigstens erkennen, wann es Zeit ist, umzukehren.

Die große Illusion: Selbst-Erlösung im gottlosen Universum

Es ist eine der seltsamsten und zugleich folgenreichsten Ideen, die je gedacht wurde: Dass der Mensch sich selbst erlösen könne – durch Einsicht, durch Disziplin, durch spirituelle Praxis, durch Meditation, durch Askese, durch Erkenntnis, durch „Bewusstwerdung".

Diese Vorstellung ist heute in weiten Teilen der spirituellen Landschaft allgegenwärtig. Sie findet sich in unzähligen Varianten – vom esoterischen Selbstverwirklichungskult über Yoga-Schulen und Achtsamkeitstechniken bis hin zu psychospirituellen Seminaren und einem weichgespülten New-Age-Buddhismus. Aber auch im säkularisierten Westen, in Philosophie, Popkultur und Psychologie, lebt diese Idee in neuen Gewändern fort: Der Mensch müsse nur tief genug in sich selbst vordringen, dann werde er befreit, geheilt, erlöst.

Und all das – wohlgemerkt – ohne einen personalen Gott.

Oder anders gesagt: trotz seiner Abwesenheit.

Diese Idee ist – nüchtern betrachtet – absurd.
Denn sie unterstellt, dass ein Wesen, das sich nicht selbst geschaffen hat, sich selbst vollenden könne.
Dass ein Geschöpf ohne Schöpfer sich selbst erlösen könne.
Dass eine relative, endliche, bedingte Existenz Zugang zu einem transzendenten, unbedingten Heil erlangen könne – aus eigener Kraft.

Das ist nicht nur eine religiöse, sondern vor allem eine logische Unmöglichkeit.

Denn ein Wesen, das nicht im Ursprung verankert ist, kann auch nicht zum Ursprung zurückkehren.
Ein Geschöpf, das nicht vom personalen Gott stammt, kann auch nicht zu ihm gelangen.
Und ein Universum ohne Gott ist letztlich ein geschlossenes, sterbliches, bedeutungsloses System.
In ihm ist keine Erlösung möglich. Punkt.

Selbsterlösung in einem gottlosen Universum ist eine Fata Morgana – sie ist strukturell ausgeschlossen.
Es gibt niemanden, der die Erlösung schenken kann.
Es gibt keinen Willen, der sie gewährt.
Es gibt kein Bewusstsein, das den Tod überwindet.
Es gibt keinen Vater, zu dem man zurückkehren könnte.

Und doch hält sich diese Illusion hartnäckig – seit Jahrhunderten.
Warum?

Weil sie dem Menschen schmeichelt.
Weil sie ihm Autonomie verspricht.
Weil sie ihn zum Schöpfer seiner selbst macht – zum Maß aller Dinge, zum Herrn seines Schicksals.
Weil sie den Preis vermeidet, den wahre Erlösung kostet: Demut.

Denn wahre Erlösung setzt eines voraus: Anerkennung der eigenen Ohnmacht.
Des eigenen Geschöpfseins.
Der eigenen Abhängigkeit vom Schöpfer.

Und das will der moderne Mensch nicht.

Er will nicht danken, nicht dienen, nicht bitten, nicht gehorchen.

Er will sich selbst erlösen – oder gar nicht.

Dieses Buch ist ein Widerspruch gegen diese Illusion.

Es legt dar, warum Selbst-Erlösung eine Täuschung ist.

Warum sie nirgends funktioniert – weder im Osten noch im Westen, weder spirituell noch psychologisch.

Und warum nur ein Einziger den Weg zur Unsterblichkeit eröffnet hat:

Jesus Christus – der Sohn des lebendigen Gottes.

Nicht weil der Mensch ihn erschaffen hat.

Sondern weil er den Menschen erschaffen hat – und sich herabließ, ihn zu retten.

Methodisches Vorgehen: Philosophisch, logisch, biographisch, spirituell

Dieses Buch ist keine wissenschaftliche Abhandlung im engeren Sinne, auch wenn es sich mit philosophischen Grundfragen beschäftigt. Es ist kein theologisches Traktat im klassischen Stil, obwohl es sich um das zentrale Thema der Erlösung dreht. Und es ist auch kein spiritueller Ratgeber im modernen Verständnis, obwohl es aus einer inneren Erfahrung heraus geschrieben wurde.

Es ist der Versuch, verschiedene Ebenen der Erkenntnis miteinander zu verbinden:
Die Ebene des Denkens, die Ebene des Erlebens, die Ebene des Glaubens – und letztlich die Ebene der Wahrheit.

Wir gehen dabei philosophisch vor, indem wir Grundbegriffe klären und zentrale Fragen des Menschseins in den Mittelpunkt stellen: Was ist Bewusstsein? Was bedeutet Erlösung? Was ist ein Mensch? Was ist ein Gott? Und was ist der Unterschied zwischen einer Religion, die einen personalen Gott kennt – und einer, die ohne ihn auskommt?

Wir arbeiten logisch, indem wir die inneren Strukturen der jeweiligen Weltbilder freilegen, ihre Voraussetzungen analysieren und ihre Konsequenzen durchdenken. Denn was auf den ersten Blick plausibel erscheinen mag, zeigt oft bei näherem Hinsehen seine Widersprüche. Wer von Unsterblichkeit spricht, muss erklären, wie sie möglich sein soll. Wer Erlösung verspricht, muss sagen, wer erlöst – und wodurch.

Wir ergänzen diese Überlegungen durch biographische Elemente – nicht als Selbstzweck, sondern weil sie die gedanklichen Entwicklungen greifbar und nachvollziehbar machen. Denn viele der hier behandelten Fragen sind nicht bloß abstrakt – sie sind in einem langen, persönlichen Weg der Auseinandersetzung gewachsen. Es sind Fragen, die sich nicht am Schreibtisch, sondern im Leben gestellt haben.

Und schließlich ist dieses Buch auch spirituell, in einem sehr konkreten Sinn: Es will nicht nur analysieren, sondern orientieren. Es will nicht nur aufzeigen, was nicht trägt, sondern dorthin führen, wo ein tragfähiger

Grund zu finden ist. Es will helfen, den falschen Wegen die Maske abzunehmen – nicht aus Überheblichkeit, sondern aus Verantwortung. Und es will den Blick öffnen für den einen Weg, der wirklich zur Erlösung führt: den Weg Christi.

Diese vier Zugänge – das Philosophische, das Logische, das Biographische und das Spirituelle – bilden gemeinsam den methodischen Rahmen des Buches. Sie sollen nicht nebeneinander stehen, sondern sich gegenseitig durchdringen. So hoffen wir, die Gedanken nicht nur verständlich, sondern auch erfahrbar zu machen.

Denn wahre Erkenntnis geschieht nicht nur im Kopf.
Sie ergreift das Herz.
Und sie verändert das Leben.

Teil I

Kapitel 1: Das universale Bedürfnis nach Erlösung

Leid, Tod, Sinnfrage – Die Grundbedingungen des Menschseins

Es gibt Erfahrungen, denen niemand entkommt: Schmerz, Verlust, Vergänglichkeit, Schuld. Und es gibt Fragen, die uns alle irgendwann einholen – spätestens dann, wenn das Leben sich als brüchig erweist und die Fassade des Alltags zu reißen beginnt. Was ist der Sinn? Warum das Leiden? Gibt es eine Gerechtigkeit jenseits dieses Daseins? Und vor allem: Gibt es Hoffnung auf ein Weiterleben – nach dem Tod?

Diese Fragen sind nicht kulturelle Konstrukte. Sie sind nicht Ergebnis soziologischer Bedingungen. Sie sind Ausdruck unseres Wesens. Denn der Mensch ist mehr als ein biologisches Produkt der Evolution. Er ist sich seiner Existenz bewusst. Und mehr noch: Er ist sich ihrer Begrenztheit bewusst. Und das ist der Skandal, der uns unausweichlich zur Frage nach Erlösung führt.

Wer das Erleben der Sterblichkeit mit wachen Augen und offenem Herzen durchlebt hat, der weiß: Das Leben allein genügt nicht. Es kann nicht alles gewesen sein. Der Tod ist keine bloße biologische Grenze – er ist eine existentielle Zumutung. Und wer das spürt, beginnt zu suchen. Nicht nach Trostfloskeln. Sondern nach Wahrheit.

Deshalb ist die Sehnsucht nach Erlösung keine ideologische Konstruktion. Sie ist tief verwurzelt im Wesen des Menschen. Und sie führt – unausweichlich – zur Transzendenz.

Manche versuchen, dieser Sehnsucht auszuweichen. Sie lenken sich ab, flüchten sich in Konsum, Karriere, in die kleinen Aufmerksamkeiten des Alltags. Andere flüchten sich in Esoterik, in Wellnessspiritualität oder in Ideologien, die Erlösung im Diesseits versprechen – im Sozialen, im Politischen, im Technologischen. Aber keine dieser Fluchten kann die innerste Not wirklich stillen. Denn alle bleiben im Immanenten verhaftet. Sie

scheuen die letzte Konsequenz: Die Aner-
kenntnis einer Wirklichkeit, die über unser
Dasein hinausweist.

In Wahrheit ist die Frage nach Erlösung nur
dann sinnvoll, wenn es Erlösung wirklich gibt.
Wenn es eine Instanz gibt, die erlösen kann.
Nicht symbolisch, nicht psychologisch – sondern wirklich.

Die Philosophen der Neuzeit haben viel ana-
lysiert, erklärt, dekonstruiert. Aber sie haben
nie eine wirkliche Antwort auf die Not des
Menschen gegeben. Warum nicht? Weil sie
Gott aus dem Spiel genommen haben. Und
damit sich selbst jede Möglichkeit einer Lösung.

Doch die Wirklichkeit lässt sich nicht weg-
denken. Der Durst nach Wahrheit, nach
Liebe, nach Gerechtigkeit, nach ewigem Leben – er bleibt. Und er ist nicht ein Fehler der
Evolution. Er ist ein Fingerzeig.

Ein Hinweis auf etwas – oder jemanden – der
über uns steht. Der uns geschaffen hat. Der
uns ruft. Und der uns heimholen will.

Diese Ahnung lebt in jedem Menschen. Und sie ist universell. Es ist das große, gemeinsame, unausgesprochene Wissen der Menschheit: Wir sind nicht ganz zuhause in dieser Welt. Und wir wissen, dass wir sterben werden – aber wir wollen leben. Wirklich leben. Ewig leben.

Das ist kein Wunschtraum. Es ist der Anfang aller Religion. Und es ist der Punkt, an dem die Geschichte der Menschheit nicht mehr als bloße Abfolge von Kulturen und Ideen gelesen werden kann – sondern als ein Drama der Rückkehr. Die Suche nach Erlösung ist die Suche nach Gott.

Und Gott? Er hat diese Suche beantwortet.

Die Reaktion der Kulturen und Religionen auf diese Grundfragen

Wenn die existenziellen Fragen des Menschen – nach Sinn, Erlösung, Unsterblichkeit – keine bloßen psychologischen Projektionen, sondern reale Impulse sind, dann müssen wir auch die religiösen Systeme, die daraus erwachsen sind, in einem anderen Licht betrachten. Dann sind Religionen nicht nur symbolische Antworten auf psychologische Nöte, sondern oft: Reaktionen auf reale metaphysische Erfahrungen. Und zwar auf ganz unterschiedliche Weisen.

Denn wer die Menschheitsgeschichte mit wachem Blick betrachtet, der erkennt: Es gab in vergangenen Zeiten ein Wissen – oder zumindest eine tiefe Ahnung – von der Wirklichkeit jenseits dieser Welt. Ein Wissen um die Transzendenz, um das Göttliche, um Wesen, die nicht von dieser Erde sind. Unsere modernen Begriffe wie „Mythos", „Fabel" oder „religiöse Vorstellung" verschleiern häufig, dass viele der Religionen ursprünglich nicht aus philosophischem Nachdenken entstanden sind, sondern aus konkreter Erfahrung.

Es ist plausibel – und durch viele Quellen zumindest angedeutet –, dass der Mensch der Frühzeit nicht nur innerlich auf Gott ausgerichtet war, sondern dass Gott selbst in die Geschichte eingegriffen hat. Dass sich das Göttliche – auf verschiedene Weisen und in verschiedenen Kulturen – dem Menschen offenbart hat. Und ebenso ist es nicht unvernünftig anzunehmen, dass es Ebenen des Seins zwischen der materiellen Welt und der reinen Transzendenz gibt: Zwischenräume, in denen geistige Wesen existieren – Halbgötter, Engel, Dämonen, Devas, Asuras –, die in der Geschichte vieler Völker beschrieben wurden.

Diese Wesen – die nicht absolut sind, aber mächtig – erscheinen in nahezu allen religiösen Überlieferungen. Ihre Geschichten mögen kulturell gefärbt und teilweise entstellt sein, doch der übergreifende Archetyp bleibt bestehen: Es gibt eine geistige Zwischenwelt, in der personale Wesen existieren, die mit dem Menschen in Kontakt treten können.

Die alten Religionen, wie die der Griechen, Römer, Ägypter, Germanen, Inder, Babylonier oder Chinesen, berichten von diesen Begegnungen. Ihre Tempel, Rituale und Priesterschaften waren nicht einfach nur Ausdruck eines kultischen Bedürfnisses – sie waren, oft über Generationen hinweg, konkrete Orte der Interaktion zwischen den Welten. Und wer sich ernsthaft mit der Überlieferung befasst, wird spüren: Hinter all dem stand nicht nur Fantasie, sondern etwas Reales. Etwas, das wir heute verlernt haben zu sehen.

Wir nennen diese alten Götter heute „Mythen", weil wir ihre Realität verloren haben. Nicht weil sie nie existierten. Sondern weil sich der Schleier zwischen den Welten geschlossen hat – oder besser: weil wir ihn nicht mehr wahrnehmen können.

Dann gibt es die Religionen, die sich direkt auf einen absoluten, personalen, transzendenten Gott beziehen: das Judentum, das Christentum, der Islam – aber auch Strömungen innerhalb des Hinduismus, wie etwa der Gaudiya-Vaishnavismus. Diese Religionen berichten nicht nur von metaphysischen

Wesen – sondern davon, dass der eine wahre Gott selbst mit den Menschen in Beziehung tritt. Nicht durch „Höhenflüge" des Geistes, sondern durch Offenbarung, durch Geschichte, durch konkrete Handlungen in Raum und Zeit. Er beruft Propheten, er gibt Gebote, er handelt – und schließlich, in der Mitte der Zeit, betritt er selbst die Bühne der Geschichte.

Diese Gottesbeziehung ist nicht gleichzusetzen mit vagen spirituellen Gefühlen oder dem Streben nach einem unpersönlichen Nirwana. Sie ist eine Begegnung zwischen zwei Personen: Gott – und Mensch. Und in dieser Begegnung liegt die eigentliche Möglichkeit von Erlösung.

Denn nur wenn Gott Person ist, kann er lieben. Nur wenn er liebt, kann er erlösen. Und nur wenn der Mensch ebenfalls eine ewige, personale Seele ist, kann er erlöst werden – und nicht einfach im „All-Einen" verschwinden.

Ganz anders verhalten sich die religiös-spirituellen Systeme, die keinen personalen Gott kennen. Die Strömungen des Advaita Vedanta, des klassischen Yoga, des Mahayana-Buddhismus, des Zen oder vieler moderner esoterischer Bewegungen leugnen die Ewigkeit der Person. Das Ziel ist dort nicht die Rettung des Ich, sondern seine Auflösung. Kein Weiterleben in Beziehung – sondern ein Verlöschen im Unpersönlichen. Hier wird das „Ich bin" als Illusion betrachtet, als Schleier, der zu durchbrechen ist. Die „Erlösung" besteht in der Entpersönlichung.

Was auf den ersten Blick als hohe Spiritualität erscheint, entpuppt sich bei genauerem Hinsehen als stille Kapitulation vor der Sehnsucht nach ewigem Leben in Liebe. Es ist die Flucht vor der Verantwortung, die eine personale Gottesbeziehung mit sich bringt. Denn: Wer erlöst werden will, muss sich bekennen. Und muss sich beugen.

Das mag hart klingen – aber es ist die Wahrheit: Der Mensch sehnt sich nach Erlösung, aber er scheut die Konsequenz, die sich daraus ergibt. Denn wer sich erlösen lassen will, muss anerkennen, dass er sich selbst nicht erlösen kann.

So sind die Religionen der Menschheit nicht bloß Reaktionen auf das Leid, den Tod, die Schuld und die Sinnfrage – sie sind Antworten auf eine Wirklichkeit, die dem Menschen begegnet ist. Mal als Ahnung. Mal als Macht. Mal als Liebe. Und manchmal – in seltenen, aber wahren Momenten – als Gott selbst.

Unser Buch steht in dieser letzten Linie. Wir schreiben es, weil wir an die Wahrheit glauben – nicht an Konstruktionen. Weil wir überzeugt sind, dass der Mensch sich selbst nicht erlösen kann – aber dass es einen gibt, der es kann. Und der es getan hat.

Sein Name ist Jesus Christus.

Kapitel 2: Drei Gottesbilder – Drei Weltsichten

Modell 1: Der transzendente, personale Gott

(z. B. Christentum, Judentum, Gaudiya-Vaishnavismus)

Dieses Modell ist die Grundlage für all jene Religionen, die den Menschen als ewiges Individuum betrachten, das in Beziehung zu seinem Schöpfer steht. Der zentrale Gedanke ist: Es gibt einen einzigen Gott, der absolut, transzendent, unendlich und zugleich personal ist. Das heißt: Gott ist nicht bloß ein Prinzip, eine Energie oder ein kosmisches Feld – er ist ein Wesen mit Bewusstsein, Willen, Intention und Liebe.

Er ist „Ich bin, der Ich bin" (Ex 3,14) – nicht etwas, sondern jemand.

Gott ist in diesem Modell der Ursprung von allem – und zugleich Ziel und Vollendung von allem. Er ist Schöpfer, Erhalter und Richter. Aber vor allem: Er ist Vater. Oder im Fall des

Gaudiya-Vaishnavismus: Urgrund aller persönlichen Beziehungen, Quelle aller Freude, aller Liebe – ein Gott, der geliebt werden kann, weil er selbst liebt.

Schöpfung: Aus Liebe, nicht aus Notwendigkeit

Im Gegensatz zu kosmologischen Konzepten, die das Universum als ewig oder zyklisch ansehen, geht dieses Gottesbild davon aus, dass die Welt erschaffen wurde – aus einem bewussten Akt heraus, nicht aus Zufall, Notwendigkeit oder karmischer Reaktion. Die Schöpfung ist also keine Illusion, kein bloßes Spiel der Maya, sondern real – gewollt und getragen von Gott selbst.

Der Mensch wird in diesem Modell nicht als „vorläufige Erscheinung" verstanden, sondern als Ebenbild Gottes. Das bedeutet: Er ist ein personales Wesen, fähig zur Liebe, zum Denken, zur Entscheidung, zur Verantwortung. Und – das ist entscheidend – er ist zur Ewigkeit bestimmt. Nicht weil er sich selbst dazu machen kann, sondern weil Gott ihn dazu geschaffen hat.

Beziehung: Die Mitte der Wirklichkeit

In diesem Weltbild ist die Beziehung zwischen Gott und Mensch nicht nur ein ethischer Rahmen oder ein psychologischer Trost. Sie ist das Zentrum der Realität. Der Mensch ist von Gott geschaffen worden, um in liebender Gemeinschaft mit ihm zu leben. Diese Beziehung ist kein Bonus – sie ist der Sinn des Lebens.

Diese Sichtweise zieht sich durch das Alte Testament (Bund), durch das Neue Testament (Inkarnation), durch die mystische Tradition der Kirchenväter und der Heiligen, wie auch durch die bhaktische Tradition des Gaudiya-Vaishnavismus. Im Zentrum steht immer die persönliche Begegnung: zwischen dem endlichen Ich des Menschen – und dem unendlichen Ich Gottes.

In der Beziehung liegt zugleich auch das Drama: Denn der Mensch hat die Freiheit, sich Gott zuzuwenden oder von ihm abzuwenden. Freiheit ist in diesem Modell nicht Ungebundenheit – sondern die Möglichkeit zur Liebe. Und nur wer frei ist, kann lieben.

Das ist der tiefste Grund, warum Gott dem Menschen Freiheit gab: damit er sich aus freien Stücken zu ihm bekennen kann.

Ziel: Ewiges Leben in Gemeinschaft

Das Ziel des Menschen in diesem Modell ist nicht Auflösung, nicht Verschmelzung, nicht Entindividualisierung – sondern: ewige Gemeinschaft mit Gott. In der Sprache des Christentums: die himmlische Hochzeit zwischen Christus und seiner Braut, der Seele. In der Sprache des Gaudiya-Vaishnavismus: der ewige Dienst der individuellen Seele (Jiva) an der höchsten Persönlichkeit Gottes (Bhagavan), in Liebe und Hingabe.

Der Tod ist in dieser Sichtweise nicht das Ende, sondern der Durchgang – vorausgesetzt, der Mensch nimmt die ausgestreckte Hand Gottes an. Die Erlösung kommt nicht aus dem Menschen, sondern aus Gott. Sie ist Gnade, nicht Technik. Geschenk, nicht Verdienst.

Fazit: Alles steht und fällt mit der Person

Dieses Modell ist das einzige, das die personale Würde des Menschen vollständig ernst nimmt – und zugleich Gott als personale, liebende Quelle allen Seins denkt. Nur hier ist eine echte Erlösung möglich: Denn nur eine Person kann eine andere Person retten. Nur eine ewige Liebe kann den Tod überwinden. Nur ein personaler Gott kann ewiges Leben schenken.

Modell 2: Halbgötter in einer Zwischenwelt

(Klassische Mythologien, bestimmte hinduistische Strömungen)

Dieses Modell basiert auf einer Zwischenordnung: zwischen der irdischen Welt des Menschen und der höchsten transzendenten Wirklichkeit existiert eine Sphäre von mächtigen, aber nicht absoluten Wesen. Diese Wesen werden in der Regel als Götter oder Halbgötter bezeichnet – sie sind nicht allmächtig, nicht ewig, nicht schöpferisch im absoluten Sinn, aber sie überragen den Menschen in Macht, Wissen und Lebensdauer um ein Vielfaches.

Wir finden dieses Modell in zahllosen Religionen und Mythologien der Menschheit: bei den Griechen (Zeus, Apollon, Athene), den Römern (Jupiter, Mars, Venus), den Germanen (Wodan, Donar, Ziu), den alten Indern (Devas, Asuras), aber auch in bestimmten Formen des Hinduismus, die zwischen dem Höchsten Wesen (Brahman oder Bhagavan) und den vielen Göttern auf einer niedrigeren Ebene unterscheiden.

Die Welt der Halbgötter – die Astralsphäre

In diesen Weltbildern existiert eine Art Zwischenwelt – eine nicht-physische, aber dennoch konkret erfahrbare Realitätsebene. Man könnte sie als Astralwelt bezeichnen. Sie ist von subtilerer Substanz als unsere Welt, aber dennoch mit klarer Struktur, mit Wesenheiten, Hierarchien, Regeln und sogar Konflikten. Die Halbgötter, die diese Welt bewohnen, sind nicht „reine Idee", sondern reale Wesenheiten, oft mit sehr menschlichen Zügen, aber mit übermenschlichen Kräften.

Diese Götter und Geister treten mit den Menschen in Kontakt. Sie offenbaren sich, fordern Opfer, geben Weisungen, greifen in das Weltgeschehen ein – manchmal hilfreich, manchmal zerstörerisch. Ganze Kulturen wurden nach ihnen benannt, ausgerichtet, regiert. Die Menschen baten sie um Regen, Ernte, Sieg, Fruchtbarkeit – und erhielten Antworten.

In den alten Zeiten war dieser Kontakt offenbar real – nicht bloß psychologisch oder symbolisch. Es scheint, dass die Grenzbereiche

zwischen der physischen Welt und der Astralwelt durchlässiger waren als heute. Mythen erzählen von Besuchen der Götter auf
der Erde, von Halbgöttern, die unter den
Menschen lebten, und von Menschen, die zu
den Göttern aufstiegen – sei es in der Eks-
tase, sei es durch besondere spirituelle Disziplinen.

Schöpfung: zyklisch, aber nicht absolut

In diesem Modell sind weder die Götter noch
das Universum absolut. Die Welt ist nicht aus
dem Nichts erschaffen, sondern entsteht und
vergeht in Zyklen. Die Götter sind Teil dieser
Zyklen – sie haben Geburt und Tod, auch
wenn ihre Lebensspanne millionenfach länger ist als die des Menschen. Sie regieren bestimmte Bereiche: Naturkräfte, Tugenden,
Jahreszeiten, Planeten. Sie sind Hüter – aber
keine Schöpfer im eigentlichen Sinn.

Es gibt keine absolute Quelle, kein transzendentes Gegenüber – oder, wenn es das gibt,
dann ist es so fern, so jenseitig, dass es in der
Praxis keine Rolle spielt. Der Mensch lebt in
einer Welt, die von übermenschlichen

Mächten durchdrungen ist – aber nicht von einer alles übersteigenden, persönlichen Gottheit getragen wird.

Beziehung: Austausch, nicht Erlösung

Die Beziehung zu den Göttern ist geprägt von Kult, Opfer, Ritual und Gegenseitigkeit. Der Mensch gibt – und hofft, etwas zu empfangen. Es ist ein Weltbild der Balance, des Ausgleichs, der Wechselwirkungen. Der Mensch bittet um Beistand, Schutz, Fruchtbarkeit, Führung – aber es geht selten um „Erlösung" im tiefsten Sinne. Es geht nicht um ewige Gemeinschaft mit Gott, sondern um das Überleben, das Gedeihen, vielleicht um ein besseres nächstes Leben – oder um den Aufstieg in eine bessere Sphäre innerhalb des Kosmos.

Der Mensch steht hier nicht in einem Liebesverhältnis zum Schöpfer – er lebt vielmehr in einem komplexen Beziehungsnetz zu höheren Wesen, denen er sich unterordnet, aber die ihrerseits ebenfalls begrenzt sind. Die Götter sind nicht absolut gut – sie sind auch neidisch, zornig, launisch, parteiisch. Und der Mensch muss lernen, sich in diesem System zurechtzufinden.

Ziel: Aufstieg – aber nicht Ewigkeit

Das Ziel ist in diesen Systemen meist nicht das ewige Leben in einer transzendenten Welt, sondern ein besseres Dasein in einer höheren Sphäre – oder die zeitweilige Rückkehr zu einem götterähnlichen Zustand. Manchmal gibt es Vorstellungen von einem „Himmel", aber dieser ist oft temporär, ein Lohn für besondere Verdienste, dem unweigerlich ein Absturz folgt – je nach Karma oder kosmischem Gesetz.

Erleuchtung im strengen Sinne – als Überwindung des Todes, als Eintritt in die ewige Gemeinschaft mit einem personalen Gott – ist in diesem Modell kaum vorgesehen. Auch die Individualität des Menschen ist nicht immer garantiert: In manchen Mythen geht die Seele im Kosmos auf, verliert sich in den Zyklen, wird Teil eines neuen Spiels der Götter.

Fazit: Mächte ohne Letztinstanz

Dieses Modell anerkennt eine vielgestaltige, übermenschliche Wirklichkeit – aber ohne Zentrum, ohne absoluten Ursprung, ohne finale Bestimmung. Es bietet dem Menschen Orientierung, Schutz, Ritual, Ordnung – aber keine letztgültige Erlösung. Die Halbgötter sind mächtig, ja. Doch sie sind nicht der Ursprung des Seins, und sie können nicht garantieren, was nur ein transzendenter Gott garantieren kann: ewiges Leben, absolute Wahrheit, endgültige Erlösung.

Modell 3: Der unpersönliche göttliche Urgrund

(Advaita Vedanta, Buddhismus, Teile des New Age)

Im dritten Modell begegnen wir einer radikal anderen Vorstellung von „Gott" – oder besser: von der letzten Wirklichkeit. Hier ist das Göttliche keine Person, kein Wesen mit Bewusstsein, Wille, oder Liebe. Es ist kein Du. Es ist nicht einmal ein „Er". Sondern es ist ein unpersönliches Prinzip, ein universaler Urgrund, eine namenlose, zeitlose, formlose Realität hinter oder unter allem Seienden.

Diese Vorstellung ist in vielen Spielarten des östlichen Denkens verbreitet – etwa im Advaita Vedanta, in großen Teilen des Buddhismus (insbesondere im Mahayana und Zen), aber auch im Taoismus, in mystischen Spielarten des westlichen Esoterik und in weiten Teilen des modernen New Age.

Das Absolute ohne Antlitz

In dieser Denkweise ist das Letzte, das Höchste, das Absolute – nicht ein persönlicher Gott, sondern das Unaussprechliche. Der Vedanta nennt es Brahman, der Buddhismus spricht vom Shunyata (der „Leere"), das Tao bleibt unbenannt. Es ist jenseits von Sein und Nichtsein, jenseits von Kategorien, jenseits von Begriffen. Es ist einfach – oder vielmehr: Es ist nicht mehr etwas, sondern der Zustand jenseits aller Unterscheidung.

Die Schöpfung ist in diesem Weltbild keine Tat einer handelnden Person, sondern eine Art Spiel, ein Schein, eine Illusion – Maya. Die Welt ist nicht wirklich, wirklich. Und auch das individuelle Selbst ist nicht wirklich, wirklich. Es erscheint, aber es ist letztlich nur eine Welle im Ozean. Eine Erscheinung im Nebel. Eine Episode im Traum.

Die große Behauptung: „Du bist das"

Ein zentrales Motiv dieser Traditionen ist die Vorstellung, dass der Mensch in seinem innersten Wesen bereits eins ist mit dem Absoluten – dass sein Selbst, sein Atman, mit dem Brahman identisch ist. Die Trennung ist eine

Illusion. Die Ich-Erfahrung ist ein Irrtum. Das Ziel ist daher nicht, erlöst zu werden – sondern zu erkennen, dass es nie ein getrenntes Selbst gab. Erleuchtung bedeutet: Aufwachen aus dem Traum der Individualität.

Dieses „Erwachen" wird als Befreiung verstanden – nicht im Sinne eines Lebens nach dem Tod, sondern im Sinne einer völligen Auflösung der Täuschung, des Leidens, des Ichs. Es ist das Ende des Kreislaufs von Geburt und Tod (Samsara), das Ende des Begehrens, der Dualität, der Subjekt-Objekt-Spaltung.

Beziehung: Keine. Nur Erkenntnis

Da das Letzte keine Person ist, gibt es auch keine Beziehung. Es gibt keine Liebe im klassischen Sinn, keine Anbetung, kein Vertrauen, kein Gegenüber. Es gibt nur Erkenntnis, Einsicht, Durchschauen. In der Meditation verschwindet das Ich, der Gedanke, das Fühlen – und es bleibt reines Gewahrsein, das jenseits aller Unterschiede liegt.

Diese Vorstellung kann ungeheuer anziehend sein – sie verspricht einen radikalen inneren Frieden, ein Ende aller Konflikte, ein völliges Aufgehen im „Was ist". Sie verspricht: Du kannst eins werden mit dem Ursprung, weil du nie getrennt warst. Es gibt keine Schuld, kein Urteil, kein Gericht – nur das Spiel der Erscheinungen, das aufhört, sobald du die Täuschung durchschaut hast.

Ziel: Nicht-Sein – als höchste Wahrheit?

Hier wird es brisant. Denn was ist das Ziel? Was bleibt, wenn das Ich sich auflöst? Was bedeutet „Erleuchtung" in einem System, das das Ich, die Welt, die Geschichte, die Liebe und sogar den Tod für Illusionen erklärt?

In letzter Konsequenz bedeutet es: Nicht-Sein. Oder zumindest: Nicht-Ich-Sein. Kein individuelles Fortbestehen, kein Du, kein Gegenüber. Keine Erinnerung, keine Beziehung, kein Werden. Nur noch das namenlose Eine – oder die Leere. Das ist schwer fassbar, schwer vermittelbar – und für viele, die ehrlich darüber nachdenken, auch schwer zu bejahen.

Denn wenn das Ziel die völlige Auflösung ist – warum dann überhaupt leben, lieben, lernen, kämpfen, hoffen? Warum handeln, wenn alles Illusion ist? Warum leiden, wenn es keinen gibt, der leidet? Warum überhaupt noch irgendetwas?

Kritik: Der Preis der Ich-Auflösung

Diese Denksysteme sind oft von hoher intellektueller Eleganz. Sie bieten – zumindest in der Theorie – eine vollendete Antwort auf das Leiden. Aber sie tun dies um den Preis der Person. Um den Preis des Ichs. Um den Preis von Beziehung, Sinn, Geschichte, Identität.

Aus Sicht eines theistischen Weltbildes – insbesondere aus christlicher Perspektive – ist das Ich keine Täuschung, sondern Geschenk. Es ist nicht der Feind, sondern der Ort der Begegnung mit Gott. Die Liebe zu Gott und die Beziehung zu anderen ist kein Irrtum – sie ist das Herz des Lebens. Die Auflösung der

Person wäre nicht Befreiung, sondern Auslöschung. Nicht Erlösung, sondern Verneinung.

Fazit: Ein Weg ohne Richtung

Das Modell des unpersönlichen Urgrunds bietet ein radikales Versprechen – aber auch einen radikalen Verlust. Es entfernt sich am weitesten vom Glauben an einen personalen Gott. Und gerade darin liegt seine Tragik: Wer das Ich leugnet, kann kein Du finden. Und wer kein Du kennt, der kann auch keine Liebe kennen. Und wer keine Liebe kennt, der kann keine Erlösung erfahren.

Wesentliche Unterschiede: Schöpfung – Beziehung – Ziel

Die drei vorgestellten Modelle – der transzendente personale Gott, die Halbgötter der Zwischenwelt und der unpersönliche Urgrund – stehen nicht einfach nebeneinander wie unterschiedliche Geschmacksrichtungen eines spirituellen Buffets. Sie beruhen auf grundlegend verschiedenen Annahmen über Wirklichkeit, über das Wesen des Menschen – und über das, was möglich ist.

1. Schöpfung – Woher kommt die Welt?

Modell 1 (personaler Gott):
Die Welt ist geschaffen – willentlich, bewusst, aus Liebe. Sie ist weder Zufall noch Illusion. Sie hat einen Ursprung, eine Intention, ein Ziel. Der Mensch ist gewollt, als Ebenbild Gottes. Die Welt ist nicht Gott, aber von ihm durchdrungen – und gut.

Modell 2 (Halbgötter):
Die Welt ist vielfach hervorgebracht durch komplexe göttliche Kräfte, Mythen, Kämpfe oder kosmische Prozesse. Es gibt keinen

alleinigen Schöpfer, sondern ein Netzwerk von übernatürlichen Wesen, die bestimmte Aspekte der Welt kontrollieren oder repräsentieren. Der Mensch ist Teil eines größeren Spiels – sein Ursprung ist oft unklar, seine Stellung relativ.

Modell 3 (unpersönlicher Urgrund):
Die Welt ist Illusion. Oder: Sie ist der Traum des Einen. Oder: Sie ist weder wirklich noch unwirklich – sie ist einfach „da", wie der Rauch eines Feuers, ohne eigentlichen Ursprung. Es gibt kein „Warum". Kein „Wer". Nur das „Was ist".

2. Beziehung – Gibt es ein Gegenüber?

Modell 1:
Ja! Die Beziehung zwischen Mensch und Gott ist das Zentrum der Wirklichkeit. Gott spricht. Gott hört. Gott liebt. Der Mensch kann antworten. Gebet, Gnade, Schuld, Vergebung – all das sind reale Akte zwischen zwei freien Wesen. Die Geschichte des Menschen ist Beziehungsgeschichte. Liebe ist das Fundament von allem.

Modell 2:

Beziehung ist möglich, aber ambivalent. Die Halbgötter sind mächtig, aber nicht allmächtig. Sie sind oft launisch, fordernd, unberechenbar. Die Beziehung zu ihnen erfordert Rituale, Opfer, Magie. Es ist mehr ein Austausch als eine Liebesbeziehung – ein kosmisches Verhandeln.

Modell 3:

Beziehung ist Illusion. Da es kein Du gibt, gibt es auch kein Ich – und keine Liebe im personalen Sinn. Alles, was als Beziehung erscheint, ist Teil der Täuschung. Das Ziel ist nicht Beziehung, sondern Auflösung. Nicht Du, sondern Einheit. Nicht Liebe, sondern Einssein.

3. Ziel – Wohin führt der Weg?

Modell 1:

Das Ziel ist die Vereinigung mit Gott, nicht im Aufgehen, sondern in der liebevollen Beziehung. Die eigene Person bleibt erhalten – gereinigt, geheiligt, verwandelt. Der Mensch wird, was er immer sein sollte: ein freies, ewiges Gegenüber Gottes. Leben in Fülle.

Ewiges Sein. Ein „Ich" in der Umarmung eines ewigen „Du".

Modell 2:
Das Ziel ist oft vage: Ehre im Jenseits, Wiedergeburt in einer besseren Welt, Aufnahme in den Kreis der Götter – oder schlicht ein gutes, gesegnetes Leben. Erlösung wird selten als absolute Überwindung des Todes verstanden, sondern als Teilnahme an einem größeren kosmischen Spiel.

Modell 3:
Das Ziel ist das Ende des Ichs. Die Auflösung im Absoluten. Die Befreiung von Wiedergeburt, Leiden, Begehren, Denken – bis nur noch „Das" bleibt. Kein Subjekt, kein Objekt. Kein Ziel mehr. Nur noch: „Nicht-Zwei". Oder: Nichts.

Zusammenfassung: Drei Wege – drei Wirklichkeiten

Dimension	Modell 1: Personaler Gott
Schöpfung	Willentliche Tat Gottes
Beziehung	Ja – persönlich, liebend
Ziel	Ewige Gemeinschaft mit Gott

Dimension	Modell 2: Halbgötter
Schöpfung	Vielgötter-Mythos, emergent
Beziehung	Eingeschränkt – rituell
Ziel	Unklar, oft zyklisch

Dimension	Modell 3: Urgrund/Leere
Schöpfung	Illusion, Traum, Maya
Beziehung	Nein – Beziehung ist Täuschung
Ziel	Auflösung, Nicht-Sein

Diese Unterschiede sind nicht akademisch – sie sind existenziell. Denn je nachdem, welche dieser Sichtweisen ein Mensch für wahr hält, wird er sich und sein Leben völlig unterschiedlich verstehen.

Nur ein Modell führt zur wahren Erlösung – weil nur eines Erlösung überhaupt möglich macht.

Kapitel 3: Nur Modell 1 ist strukturell erlösungsfähig

Warum nur ein personaler Gott ewiges Leben schenken kann

Erlösung ist ein großes Wort. Aber was bedeutet es eigentlich?

Im Kern meint „Erlösung" die Überwindung der radikalsten Begrenzung des menschlichen Daseins: den Tod – und alles, was mit ihm zusammenhängt. Krankheit, Leid, Schuld, Angst, Entfremdung, Verlorenheit, Sinnlosigkeit – all das kreist um ein zentrales Zentrum: die Endlichkeit des Menschen. Erlösung ist das Angebot, dieser Endlichkeit nicht ausgeliefert zu bleiben. Erlösung ist der Bruch mit dem Kreislauf der Vergänglichkeit – und der Schritt in eine andere Seinsform: in das Ewige, in das Unzerstörbare, in das, was nicht mehr bedroht ist.

Doch: Wer oder was kann solch eine Erlösung überhaupt schenken?

Erlösung setzt Transzendenz voraus

Wenn Erlösung die Überwindung des Todes meint, dann muss sie aus einem Bereich kommen, der jenseits des Todes liegt. Der Tod kann nicht durch etwas überwunden werden, das ihm selbst unterliegt. Nur das, was nicht stirbt – was dem Tod nicht unterworfen ist – kann ihn wirklich bezwingen. Mit anderen Worten: Erlösung muss transzendent sein, d. h. aus einer Seinsweise stammen, die nicht dem Wechsel von Geburt und Vergehen unterworfen ist.

Aber das genügt noch nicht. Es braucht mehr. Denn Transzendenz allein wäre noch keine Garantie für Erlösung. Es gibt noch eine zweite, entscheidende Bedingung.

Erlösung setzt Personalität voraus – auf beiden Seiten

Transzendenz ist nur dann erlösungsfähig, wenn sie intelligent, bewusst, willentlich, schöpferisch ist – mit einem Wort: personal. Warum?

Weil Erlösung nicht mechanisch geschehen kann. Sie ist keine Wirkung eines neutralen

Gesetzes, keine Konsequenz eines Automatismus, keine Strömung des Karmas, keine Resonanz des Universums. Erlösung ist Beziehung. Sie geschieht zwischen zwei bewussten Wesen: zwischen dem Schöpfer und dem Geschöpf, zwischen Gott und Mensch.

Nur ein personaler Gott kann wollen, dass du erlöst wirst. Nur ein personaler Gott kann lieben, kann vergeben, kann retten. Nur er kann sich dir zuwenden – nicht abstrakt, sondern konkret, individuell, frei. Nur ein personaler Gott hat überhaupt ein Gegenüber – dich. Und nur in einer solchen Beziehung kann Erlösung geschehen.

Aber auch der Mensch muss zu dieser Beziehung fähig sein. Und das ist er nur, weil auch er ein personales Wesen ist – ein bewusstes, freies, selbstreflexives Ich. Das „Ich bin"-Bewusstsein des Menschen ist kein Produkt von Materie, kein Zufall der Evolution, keine bloße psychologische Funktion. Es ist der transzendente Kern des Menschen – der Beweis seines Ursprungs im göttlichen „Ich bin, der ich bin". Der Mensch ist nicht bloß ein biologisches Wesen – er ist ein Gegenüber

Gottes, weil Gott ihm seinen Atem, sein Sein, seinen Geist geschenkt hat.

Diese Personalität des Menschen ist die Grundvoraussetzung dafür, dass Erlösung überhaupt einen Sinn haben kann. Nur wer sich als Individuum erkennt, kann sich als erlösungsbedürftig erfahren – und nur wer sich als Du erkennt, kann sich vom Du Gottes angesprochen wissen. Erlösung ist nicht Selbstauflösung – sie ist Heimkehr.

Nur Modell 1 erfüllt diese Bedingungen

Wir haben im vorangehenden Kapitel drei Modelle unterschieden. Nur Modell 1, der transzendente personale Gott, erfüllt beide Voraussetzungen:

Transzendenz: Gott existiert jenseits von Raum und Zeit, jenseits der materiellen Welt. Er ist der Ursprung allen Seins – unerschaffen, ewig, unveränderlich.

Personalität: Gott ist nicht Energie, nicht Prinzip, nicht Weltformel. Er ist ein Ich – ein absolutes, ewiges, sich selbst genügendes

Ich. Er kennt dich, spricht zu dir, liebt dich –
und wartet auf deine Antwort.

Spiegelbildliche Personalität des Menschen:
Der Mensch ist geschaffen im Bild Gottes –
als bewusstes, freies Ich. Dieses Ich ist nicht
bloß psychologische Funktion, sondern spirituelle Realität. Es ist die Grundstruktur,
durch die Erlösung möglich wird. Denn Erlösung meint nicht Auflösung, sondern Wie-
derherstellung einer Beziehung.

Damit allein ist Erlösung möglich – im eigentlichen, tiefen, endgültigen Sinne.

Alle anderen Modelle – wie wir gleich sehen
werden – scheitern an einem dieser Punkte.
Entweder fehlt ihnen die Transzendenz –
oder die Personalität – oder das Verständnis
des Menschen als personales Gegenüber.
Und ohne diese drei Pfeiler gibt es kein ewiges Leben, keine Beziehung, keine Erlösung.

Erlösung setzt einen Retter voraus. Aber sie
setzt auch ein Ich voraus, das gerettet werden kann – und will. Nur der personale Gott

– und nur der personale Mensch – machen Erlösung möglich.

Die tiefe Verbindung zwischen personalem Gott und Individualität

Es ist eine der großen Entdeckungen der spirituellen Suche:
Dass der Mensch ein Ich ist, weil Gott ein Ich ist.

Dass er sprechen, lieben, erkennen, wählen, glauben und hoffen kann, weil er aus einer Quelle stammt, die all das im Absoluten verkörpert: eine personale, ewige, schöpferische Intelligenz – nicht bloß ein Prinzip, nicht bloß Energie, nicht bloß Leere. Sondern: ein lebendiges Du.

Die Individualität des Menschen ist kein Zufallsprodukt. Sie ist kein Irrtum der Evolution. Sie ist kein Schleier, den es zu zerreißen gilt. Sie ist das Echo Gottes in der geschaffenen Welt.

Der Mensch sagt: Ich bin.
Und in diesen zwei Worten klingt an, was Gott von sich selbst sagt:
„Ich bin, der Ich bin." (Exodus 3,14)

Das „Ich bin" als göttlicher Funke

Wenn wir über das Thema Erlösung sprechen, dürfen wir diesen Punkt nicht übergehen. Denn alles steht und fällt mit der Frage, wer oder was der Mensch eigentlich ist.
- Ist er bloß ein Körper mit Bewusstsein?
- Eine biologische Maschine mit neuronalen Prozessen, die sich für ein Ich hält?

Oder ist er wirklich ein persönliches, unersetzbares, einzigartiges Wesen mit einer unverlierbaren inneren Substanz?

Die westliche Moderne tendiert zur ersten Antwort – und verliert damit das Zentrum der Person. Viele spirituelle Lehren des Ostens tendieren zur zweiten – und verlieren das Ich als Illusion. Doch das Christentum – und mit ihm alle Religionen, die einen transzendenten personalen Gott kennen – geben eine dritte, tiefergehende Antwort:

Der Mensch ist Person, weil Gott Person ist.
Der Mensch ist Individuum, weil Gott ihn als solches gewollt, geschaffen und gerufen hat.

Der Mensch bleibt ewig, weil Gott ihm Anteil an seiner Ewigkeit gegeben hat.

Diese Personalität ist kein psychologisches Konstrukt. Sie ist kein Ergebnis von Erinnerung oder Sozialisation. Sie ist göttlicher Natur. Sie ist der Abdruck Gottes in der Schöpfung.
Und: Sie ist das Fundament der Beziehung zwischen Gott und Mensch.

Beziehung ist nur zwischen Personen möglich

Erlösung – in ihrem tiefsten Sinn – ist nicht bloß ein Zustand. Sie ist keine metaphysische Balance, kein kosmisches Gleichgewicht, kein energetisches Einssein.
Erlösung ist: Gemeinschaft.
Erlösung ist: Wiedervereinigung mit dem Ursprung.
Erlösung ist: Antwort auf einen Ruf.

All das setzt voraus, dass es zwei gibt, die sich begegnen können: ein Ich und ein Du.

Wer also die Person Gottes leugnet, kappt die Brücke zur Erlösung.

Und wer die Person des Menschen leugnet, vernichtet den Empfänger dieser Erlösung.

Deshalb ist die Personalität Gottes nicht irgendeine Vorstellung, die man auch anders denken könnte.

Sie ist die systemische Voraussetzung für alles, was Erlösung überhaupt meint:

Für die Schuld des Menschen – denn nur Personen können schuldig werden.

Für die Vergebung – denn nur ein Du kann sie schenken.

Für die Liebe – denn nur zwischen Ich und Du wird sie möglich.

Für die Unsterblichkeit – denn nur das Unteilbare, Unersetzbare, Einmalige kann bleiben.

Für die Hoffnung – denn Hoffnung braucht ein Gegenüber.

Für das Heil – denn Heil ist Rückkehr. Heimkehr. Umarmung.

Wer erlöst wird, bleibt ein Ich

Christus verheißt uns nicht das Aufgehen in einem All-Einen. Er verspricht keine Verschmelzung, keine Entpersönlichung, kein Auslöschen.
Er sagt:

„Ich gehe hin, euch eine Wohnung zu bereiten." (Johannes 14,2)

Ein Zuhause für Personen.
Ein Ort für die Geliebten.
Ein ewiges Du für jedes bleibende Ich.

Der große Irrtum vieler östlicher Lehren ist, dass sie Erlösung als Ent-Ichung verstehen.
Doch die Wahrheit ist:

Nur das Ich kann erlöst werden.
Und nur ein Du kann erlösen.

Der personaler Gott ruft uns nicht aus dem Ich hinaus – sondern in das wahre Ich hinein.

In das Ich, das nicht von Ängsten, Illusionen
oder Begierden getrieben ist –
sondern das aus dem Licht Gottes lebt.
Ein Ich, das Antwort gibt.
Ein Ich, das liebt.
Ein Ich, das bleibt.

Nur wer sich selbst als bleibendes Ich erkennt,
und Gott als ewiges Du –
versteht, was Erlösung bedeutet.

Und nur, wer beides anerkennt, hat überhaupt eine Chance, sie zu empfangen.

Kapitel 4: Selbstverbesserung ohne Transzendenz?

Meditation, Yoga, Achtsamkeit & Co. – Was geschieht wirklich?

Der moderne Mensch sucht. Er sucht nach Ruhe, nach Kraft, nach Tiefe, nach Sinn. Und er tut dies oft in einem Umfeld, das weder die Begriffe „Sünde" noch „Gnade" kennt – und in dem das Wort „Erlösung" höchstens noch in therapeutischen oder metaphorischen Zusammenhängen auftaucht.

An die Stelle klassischer Religiosität tritt in unserer Zeit ein weites Feld psychospiritueller Praktiken: Yoga, Achtsamkeit, Atemtechniken, Meditation, Energiearbeit, Retreats, Schattenintegration, Chakrenlehre, Kontemplation, Körperarbeit, Selbsterfahrung – oft angeboten ohne jede dogmatische Anbindung, bewusst nicht religiös, stattdessen „offen", „individuell", „frei".

Die Frage, die sich nun stellt – und die selten offen ausgesprochen wird – lautet:
Was geschieht da eigentlich wirklich?

Was bewirken diese Übungen, was versprechen sie, und vor allem:
Was können sie im Innersten überhaupt leisten – wenn jede echte Transzendenz fehlt?

Die große Verlagerung: Von der Religion zur Methode

Es ist kein Zufall, dass in westlichen Gesellschaften der Begriff „Spiritualität" heute fast
vollständig von Methoden dominiert wird. Es
geht weniger, oder gar nicht um Gott – vielmehr um das eigene Befinden. Weniger um
Wahrheit – sondern um Wirkung.

Die Religion wird ersetzt durch Rituale ohne
Adressaten.
Das Gebet wird ersetzt durch Achtsamkeit.
Die Liturgie durch Klangschalen.
Das Dogma durch Selbstreflexion.
Und die Gnade durch Training.

Angeblich ist das ein Fortschritt.
Tatsächlich ist es der Rückzug in den Men-
schen selbst.
Die letzte Hoffnung des postmodernen Ichs:

„Vielleicht finde ich in mir das, was ich im Außen verloren habe."

Und so wird die Suche nach Erlösung zur
Selbstoptimierung.
Das Seelenheil zur Psychohygiene.
Das Heilige zur Wellness.

Eine spirituelle Ersatzhandlung?

Wir wollen hier keine Pauschalurteile fällen.
Viele der genannten Praktiken beruhen auf
jahrhundertealtem Erfahrungswissen, sie
wirken beruhigend, stresslösend, ordnend,
stabilisierend.
Das ist unbestreitbar – und auch gar nicht
das Problem.

Das Problem liegt nicht im Werkzeug, sondern im Versprechen, das damit einhergeht.
Denn immer wieder wird suggeriert –
manchmal unausgesprochen, manchmal
ganz offen – dass es durch diese Methoden
zu einer inneren Erleuchtung kommen
könne. Dass man sich selbst „transformie-
ren", „überwinden", „vollenden", ja vielleicht
sogar „erlösen" könne, ohne Gott, ohne

Offenbarung, ohne transzendente Wahrheit.
Durch Technik. Durch Übung. Durch Selbstbeobachtung.

Aber das ist ein Irrtum. Ein großer, gefährli-
cher Irrtum. Denn der Mensch ist nicht der
Ursprung seiner selbst - und deshalb kann er
sich auch nicht selbst erlösen.

Was fehlt?

Was geschieht wirklich bei Meditation und
Yoga?
Der Körper wird flexibler. Der Atem ruhiger.
Der Geist klarer. Im besten Fall entsteht eine
gewisse Sammlung, ein innerer Abstand zum
Lärm des Alltags.

Aber geschieht wirklich etwas Geistliches?

Kommt der Mensch dabei Gott näher – oder
nur sich selbst? Kommt er zur Wahrheit –
oder zur Entspannung? Wird er befreit –
oder nur beruhigt?

Die große Illusion besteht darin zu glauben,
dass innere Stille gleichbedeutend sei mit

spiritueller Tiefe. Dass man durch Techniken einen Zugang zur Transzendenz erarbeiten könne.

Oder schlimmer noch:

Dass die Transzendenz eigentlich man selbst sei — verborgen im Innersten, zugänglich durch Übung, wartend auf die „Erleuchtung".

Aber Wahrheit lässt sich nicht trainieren. Und Gnade nicht erzwingen. Und Gott nicht entdecken wie ein Muskel oder eine verborgene Emotion.

Wer das versucht, verwechselt Tiefe mit Abgrund - und landet oft in sich selbst, wo er doch gehofft hatte, hinauszukommen über sich hinaus.

Im nächsten Schritt klären wir: Was leisten diese Praktiken tatsächlich? Und: Warum reicht das nicht aus?

Funktionale Effekte vs. spirituelle Tiefe

Es ist leicht, beeindruckt zu sein von dem äußeren Ernst, der inneren Disziplin und der scheinbaren Tiefe vieler spiritueller Praktiken, wie sie heute rund um den Globus – auch im Westen – vielfach gelehrt und praktiziert werden. Von der Zen-Meditation über Vipassana, von Kundalini- und Raja-Yoga bis hin zu tibetischen Ritualen, geführten Visualisierungen, Chakrenarbeit, Tratak, Mantra-Rezitation, Atemtechniken, Gehmeditationen oder „integralen" westlichen Varianten: Das Feld ist weit, das Angebot groß, die Hoffnung hoch. Immer geht es – so scheint es – um die Erweiterung des Bewusstseins, um innere Befreiung, um Selbstvervollkommnung oder gar Erleuchtung. Die Frage ist: Was geschieht tatsächlich?

Man muss festhalten: All diese Techniken können funktionale Wirkungen entfalten. Und das tun sie oft auch. Wer regelmäßig meditiert, kommt in der Regel zu größerer innerer Ruhe, zu emotionaler Stabilisierung, zu größerer Selbstbeobachtung und zu einem gewissen Maß an mentaler Klarheit. Der

Körper beruhigt sich, der Geist verlangsamt sich, Wahrnehmung verfeinert sich. Yoga in seinen körperlichen Aspekten fördert die Beweglichkeit, verbessert den Atemfluss, unterstützt die Selbstwahrnehmung. Viele Menschen empfinden das als segensreich. Und das ist es – auf dieser Ebene – durchaus.

Aber diese Ebene ist eben nur die horizontale. Sie bewegt sich im Bereich des Mentalkörpers, der Emotion, des vegetativen Nervensystems, vielleicht auch noch im feinstofflichen Zwischenraum, den man als energetisch bezeichnen kann. Was hier jedoch nicht geschieht – und auch gar nicht geschehen kann – ist eine wirkliche Anbindung an das Transzendente. Denn die Transzendenz ist nicht durch Technik zugänglich, sondern nur durch Gnade, durch Beziehung, durch Erwählung, durch ein Gegenüber. Nur wenn Gott als Person existiert und wenn er willentlich den Kontakt zum Menschen aufnimmt, ist echte Verbindung zur Transzendenz möglich. Alles andere sind Zustände. Prozesse. Schwingungsmodulationen. Geistige Konfigurationen. Keine Begegnung. Kein Dialog.

Wenn man sich viele der Meditationstechniken genauer ansieht, wird das deutlich. Oft geht es um die Konzentration auf einen äußeren oder inneren Punkt – eine Flamme, ein Symbol, ein Bild, ein Mandala, einen Klang. Oder auf einen Teil des Körpers – wie bei den tibetischen „inneren Wärme"-Praktiken oder bei der Aufmerksamkeit auf das Herzchakra. In anderen Systemen wird ein inneres „Zentrum" imaginiert – das Dritte Auge, die Shushumna, das Hara oder der „innere Raum". Und sehr häufig wird ein Mantra wiederholt, laut oder innerlich, rhythmisch und dauerhaft. Dieses Mantra hat entweder eine abstrakte Silbenform – wie „OM" oder „SO-HAM" – oder bezieht sich auf eine konkrete göttliche Gestalt, wie Shiva, Shakti, Tara, Buddha, Avalokiteshvara oder andere. Dabei soll nicht nur Konzentration erreicht werden, sondern – ausdrücklich – eine geistige Verbindung mit der betreffenden Wesenheit. Das Ziel ist: Einswerdung. Auflösung. Verschmelzung.

Was dabei vollkommen aus dem Blick gerät: Womit oder mit wem verbindet sich der Mensch hier eigentlich? Wenn es sich bei der angerufenen Kraft um eine reale geistige Entität handelt – wie es insbesondere in den tantrischen und vedischen Traditionen ganz ausdrücklich gelehrt wird – dann bedeutet das: Es wird eine Verbindung mit einem Wesen hergestellt, das sich in einer übermenschlichen, aber nicht transzendenten Sphäre befindet. Es ist nicht Gott, nicht der Ursprung, nicht das Absolute, sondern ein dazwischenliegendes Wesen – mächtig, aber begrenzt. Ein Halbgott, ein Deva, eine Form aus der Astralwelt. Das heißt: Die spirituelle Praxis, die der Mensch für seine „Selbsterhöhung" oder „Selbsterlösung" einsetzt, verbindet ihn möglicherweise tatsächlich mit einer übergeordneten geistigen Sphäre – aber es ist nicht die Sphäre Gottes. Es ist die Zwischenwelt. Und diese kann durchaus antworten. Und tut es auch.

Hier ist größte Vorsicht geboten. Denn wenn der Mensch glaubt, sich durch Techniken dem Göttlichen zu nähern, dabei aber in Wahrheit nur die Schwelle zur Astralwelt überschreitet – in der zahllose geistige Entitäten unterschiedlicher Qualität und Absicht beheimatet sind – dann entsteht eine gravierende Verwechslung. Es fühlt sich vielleicht wie Licht an, wie Energie, wie Frieden. Aber es ist nicht die Transzendenz. Es ist nicht Gott. Es ist eine Form. Eine Struktur. Eine Resonanz. Und in vielen Fällen: eine Fälschung.

Denn die geistigen Kräfte in dieser Zwischenwelt sind keineswegs alle wohlwollend. Manche sind es vielleicht – andere nicht. Manche tarnen sich. Manche beanspruchen, Gott zu sein. Manche geben sich als Jesus, Maria, Krishna oder „das Licht" aus. Es ist ein Bereich der Simulation, der Spiegelungen, der Verführung. Eine Welt, in der Erfahrung nicht mit Wahrheit identisch ist – und in der der Mensch durch seine Techniken Zugang erhält zu etwas, das größer ist als er, aber nicht unbedingt heiliger. Insofern ist jede Meditationspraxis, die auf Verschmelzung zielt, auf Auflösung des Ich, auf Durchlässigkeit, auf Hingabe an ein ungreifbares Gegenüber, nicht nur naiv – sondern riskant.

Die große Täuschung besteht darin zu glauben, dass man sich durch Wiederholung, Konzentration und Hingabe einer „göttlichen Quelle" nähert – ohne zu hinterfragen, wer oder was diese Quelle eigentlich ist. Das Christentum kennt keine Techniken zur Selbstvervollkommnung, weil es weiß: Der Mensch kann sich nicht selbst retten. Nicht durch Atemübungen, nicht durch Lichtvorstellungen, nicht durch Auflösung seiner Ich-Grenzen. Sondern nur durch Beziehung, durch Anrufung, durch Hingabe an ein Gegenüber, das größer ist als er – aber nicht diffus. Sondern Person. Wirklichkeit. Liebe mit Wille und Richtung.

Nur dort beginnt echte Spiritualität: Da, wo ich nicht in mich selbst versinke, sondern mich einem Du öffne. Wo ich nicht mich verliere, sondern mich finde – im Blick Gottes. Alle anderen Wege mögen interessant sein, faszinierend, anregend. Aber sie bleiben horizontal. Oder sie enden – wenn man nicht aufpasst – im Labyrinth der falschen Lichter.

Im nächsten Abschnitt wenden wir uns daher der Kernfrage zu: Was fehlt – strukturell – wenn der transzendente Bezug fehlt?

Was fehlt, wenn der transzendente Bezug fehlt?

So vieles kann geschehen in der Meditation. Innere Ruhe kann entstehen. Der Atem wird tiefer. Gedanken fließen langsamer. Man fühlt sich verbunden – mit sich, mit der Natur, vielleicht mit einem „kosmischen Ganzen". Man spürt eine Weite, eine Leere, ein Schweigen, das wohltut. Es ist, als hätte man die Oberfläche des Geistes durchdrungen und betrete nun einen Raum jenseits der Worte. All das ist real. Und doch fehlt das Entscheidende.

Denn all diese Erfahrungen – so kostbar sie in ihrer Art sein mögen – bleiben letztlich im Raum des Immanenten. Sie steigen vielleicht bis in feinstoffliche Ebenen auf, sie können sehr subtil und sehr tief wirken, aber sie erreichen nicht den Ort, an dem das wahre Heil geschieht. Sie führen nicht zur Transzendenz – und noch viel weniger zu dem, der in der Transzendenz wohnt: dem lebendigen, personalen Gott.

Wenn der transzendente Bezug fehlt, fehlt nicht nur eine theologische Idee. Es fehlt der Gegenüber. Es fehlt das Du. Es fehlt der, der mich sieht, der mich will, der mich gerufen hat, noch bevor ich beten konnte. Es fehlt der, der mich geschaffen hat – nicht als Teil eines kosmischen Spiels, sondern aus Liebe. Wenn dieser Gott nicht da ist, dann bleibt der Mensch letztlich allein – gleichgültig, wie tief er sich in sich selbst versenkt. Dann bleibt jede spirituelle Praxis ein Kreis, der sich um das eigene Bewusstsein dreht, ohne es je zu überwinden.

Was dem Menschen ohne den transzenden-ten Bezug fehlt, ist vor allem: Beziehung. Denn Beziehung setzt zwei voraus: Ich – und Du. Im atheistischen, materialistischen Welt-bild existiert dieses Du nicht. Im monisti-schen Weltbild des Advaita Vedanta oder des Zen-Buddhismus soll es letztlich überwun-den werden – als Illusion, als Täuschung des Getrenntseins. Die Vorstellung eines Ich ist in diesen Traditionen ein Missverständnis, das aufgelöst werden muss. Erlösung bedeutet: Nicht mehr zu sein – zumindest nicht mehr ein Ich sein.

Doch genau das ist der Punkt. Die größte Sehnsucht des Menschen ist nicht das Verschwinden, sondern das Gefundenwerden. Nicht das Auflösen, sondern das Erkanntwerden. Nicht das Entindividualisieren, sondern das Angenommensein – als das, was ich bin. Der Mensch sehnt sich nach Erlösung nicht als Rückkehr in das formlose Eine, sondern als Heimkehr zu jemandem, der ihn kennt. Und der ihn liebt.

Wenn der transzendente Bezug fehlt, bleibt die Seele letztlich ohne Anker. Ohne Ursprung. Ohne Ziel. Alles, was an Kräften, Übungen, Techniken und Schulungen unternommen wird, um zu innerem Wachstum zu gelangen, bleibt in einem geschlossenen System. Es kann Prozesse auslösen, vielleicht sogar Zustandsveränderungen bewirken – aber es kann nicht erlösen. Weil es nicht befreien kann. Und es kann nicht befreien, weil es keinen Zugang zu jener Dimension hat, aus der allein Befreiung kommt.

Nur der, der jenseits aller Welten steht – der das Sein selbst ist und das Leben selbst – kann die Schranke des Todes durchbrechen.

Nur der, der vollkommen transzendent und zugleich vollkommen gegenwärtig ist, kann die Brücke bauen, über die der Mensch in die Ewigkeit hinübergeht. Und dieser Eine – so glauben wir – ist nicht anonym, nicht namenlos, nicht unpersönlich. Er hat ein Gesicht. Einen Namen. Einen Willen. Und ein Herz.

Er ist der Gott Abrahams, Isaaks und Jakobs. Der Gott, den Jesus „Vater" nannte. Der uns nicht in den Nebel des All-Einen entlässt, sondern uns ruft – in eine Beziehung, die uns rettet. Wenn dieser transzendente Bezug fehlt, fehlt letztlich alles. Denn es fehlt das Ziel, zu dem der Mensch unterwegs ist – und die Hand, die ihn dorthin führt.

Kapitel 5: Was ist eigentlich „Erleuchtung"?

Analyse des Begriffs anhand der Wikipedia-Definitionen

Wer sich heute über das Phänomen der „Erleuchtung" informieren will, beginnt häufig mit dem naheliegenden Schritt: einem Blick in die Wikipedia. Was er dort findet, ist – wie so oft – zunächst beeindruckend umfangreich. Der Artikel über „Erleuchtung (spirituell)" führt verschiedenste Religionen, philosophische Schulen und spirituelle Traditionen auf, die diesen Begriff verwenden, definieren oder um ihn kreisen. Das Ergebnis ist eine bunte Mischung aus Lehren, Begriffswelten, Erlebnissen und Interpretationen – doch gerade diese Vielfalt erzeugt ein eigenartiges Problem: Der Begriff „Erleuchtung" zerfließt zwischen den Fingern. Er wird bedeutungsoffen, unklar, subjektiv. Und damit – wertlos.

Was als umfassender Überblick gedacht ist, offenbart in Wahrheit ein strukturelles Dilemma: Die Erleuchtung ist in der modernen spirituellen Landschaft kein klar definierter

Begriff mehr, sondern eine Projektionsfläche für individuelle Sehnsüchte, diffuse Empfindungen und kulturelle Narrative. Jeder kann etwas anderes darunter verstehen, jeder darf etwas anderes hineinlegen – und niemand hat objektiv recht oder unrecht. Das klingt auf den ersten Blick sympathisch: tolerant, pluralistisch, offen. Doch genau diese Beliebigkeit ist das Problem.

Denn je mehr Perspektiven man zulässt, ohne sie miteinander abzugleichen oder auf eine gemeinsame Grundlage zu stellen, desto weniger bleibt am Ende übrig. Der Begriff „Erleuchtung" wird zu einem Containerwort, in das man alles werfen kann: Einssein mit dem Universum, Auflösung des Egos, mystische Gottesbegegnung, intensive Glücksgefühle, innere Klarheit, ekstatische Visionen – oder einfach tiefe Ruhe nach dem Yogaunterricht. Erleuchtung kann dann heißen: „Ich fühle mich zentriert." Oder: „Ich habe das All gesehen." Oder: „Ich habe erkannt, dass es kein Ich gibt." Oder auch: „Ich bin vollständig angekommen – wo auch immer."

Wikipedia spiegelt dabei nur wider, was in der spirituellen Szene selbst längst Realität ist: Der Begriff „Erleuchtung" hat seinen Kern verloren. Er steht nicht mehr für ein klar benennbares, objektivierbares Ereignis oder einen Zustand, sondern für eine Vielzahl subjektiver Erfahrungsberichte, die kaum miteinander vergleichbar sind. Und je mehr sich der Diskurs von klaren Definitionen entfernt, desto weniger überprüfbar wird das Phänomen. Niemand kann sagen, was Erleuchtung wirklich ist – und niemand kann zeigen, ob oder wann sie eintritt.

Dieser Zustand ist nicht zufällig. Er ist das Ergebnis einer postmodernen Denkweise, die objektive Wahrheit relativiert, subjektive Perspektiven absolut setzt und jede transzendente Ordnung durch individuelle Deutung ersetzt. Was für den einen Erleuchtung ist, muss es für den anderen nicht sein. Alles ist erlaubt – solange es sich „wahr anfühlt". In einer solchen Welt kann es keine falschen Erleuchteten geben – denn es gibt keine definierbare Erleuchtung mehr. Jeder ist auf seine Weise erleuchtet – oder niemand.

Doch genau hier setzt unsere Kritik an. Denn wir behaupten: Wenn „Erleuchtung" alles bedeuten kann, dann bedeutet sie am Ende nichts mehr. Und wenn sie sich jeder klaren Definition entzieht, ist sie kein tragfähiger Begriff mehr – weder theologisch, noch philosophisch, noch spirituell. Ein Begriff, der keine Grenzen hat, hat auch keinen Inhalt. Und ein Ziel, das niemand benennen, prüfen oder erreichen kann, ist kein echtes Ziel – sondern ein Mythos.

Was also tun? Es bleibt nur der Weg zurück zu den Wurzeln. Zurück zur Frage: Was müsste Erleuchtung eigentlich sein – wenn sie mehr sein soll als ein Gefühl, mehr als ein meditativer Zustand, mehr als ein spirituelles Selbstetikett? Und damit sind wir beim nächsten Schritt: unserer eigenen Definition.

Unsere Definition – Erleuchtung als realer Zugang zur Transzendenz

Wenn wir von Erleuchtung sprechen, dann meinen wir etwas ganz anderes als die üblichen Vorstellungen von Ruhe, innerer Zentrierung oder spirituellem Wohlbefinden. Für uns ist Erleuchtung keine psychologische Erfahrung und auch kein verfeinerter Geisteszustand. Sie ist nicht das Resultat mentaler Techniken, nicht das Ende des Denkens, nicht die Auflösung des Ichs, nicht das Versinken in energetischen Feldern oder das Verschmelzen mit kosmischen Kräften.

Erleuchtung ist – und das ist unser zentrales Verständnis – die reale, konkrete, unmittelbare Begegnung mit der Transzendenz. Mit jenem Bereich des Seins, der jenseits der physischen Welt liegt. Mit der Wirklichkeit Gottes, des Ewigen, des Absoluten. Sie ist der Augenblick, in dem ein Mensch – sei es auch nur für Sekunden – erkennt, dass es mehr gibt als Raum, Zeit, Materie und Ich-Bewusstsein. Mehr als er selbst. Und dass dieses „Mehr" nicht ein diffuser Energiestrahl ist, keine kosmische Intelligenz, sondern eine lebendige Wirklichkeit: personal, transzendent, göttlich.

Erleuchtung ist in diesem Sinne nicht das Ende des Ichs, sondern die Wiederbegegnung mit dem Ursprung des Ichs – mit dem Schöpfer, aus dem alles hervorgegangen ist. Nicht die Auflösung, sondern die Konfrontation mit der Wirklichkeit. Der Moment, in dem ein Mensch nicht mehr an Gott glaubt, sondern weiß: Er ist. Und zwar nicht als inneres Gefühl oder psychologischer Trost, sondern als objektive, unbezweifelbare Realität.

Wir verstehen unter Erleuchtung also keine durch Disziplin herbeigeführte Selbsterfahrung, sondern eine Gnade. Ein Geschenk. Etwas, das von Gott ausgeht – nicht vom Menschen. Niemand kann sich selbst erleuchten, so wie niemand sich selbst erschaffen hat. Erleuchtung ist nicht das Ergebnis der eigenen Anstrengung, sondern ein Durchbruch von außen – ein Licht, das in den Raum des Menschen fällt, weil der, der im Licht wohnt, es zulässt.

Dieses Licht verändert alles. Wer es wirklich erlebt hat, wird nie wieder derselbe sein. Denn er hat – für einen Moment – hinter den Vorhang geblickt. Er hat erkannt, dass das Leben mehr ist als biologisches Überleben, mehr als psychologische Selbstverwirklichung, mehr als spirituelle Selbstoptimierung. Er hat erkannt, dass sein Ich kein Produkt des Gehirns ist, sondern eine Gabe. Eine Berufung. Etwas, das im tiefsten Grund auf einen Anderen verweist – auf den, der da ist.

Deshalb glauben wir: Wahre Erleuchtung ist immer verbunden mit Demut, mit Umkehr, mit einer existenziellen Erschütterung – weil sie den Menschen und Gott und seiner Realität gegenüberstellt. Und deshalb ist sie auch nie etwas, worauf man stolz sein kann. Wer sagt: „Ich bin erleuchtet", hat es mit Sicherheit nicht verstanden. Wer aber sagt: „Ich habe Ihn berührt – und weiß nun, dass ich Ihn brauche", der ist dem Licht vielleicht tatsächlich begegnet.

In diesem Sinne ist Erleuchtung kein Ziel, das man erreichen kann. Sie ist eine Schwelle, über die man geführt wird – wenn Gott es will. In seltenen Fällen schon während unseres Lebens, in einem kurzen besonderen Akt der Gnade, sicher jedoch mit unserem Tod. Und die Frucht der Erleuchtung ist nie Hochmut, sondern Umkehr. Keine Abgrenzung vom Nächsten, sondern neue Liebe zu allem, was lebt. Keine Auflösung der Person, sondern die tiefe Erkenntnis: Ich bin – und ich bin nicht aus mir selbst.

Wenn niemand erleuchtet ist – was sagt das über das System?

Wenn ein spirituelles oder religiöses System das Ziel der Erleuchtung ausruft – und gleichzeitig niemand dieses Ziel nachweislich erreicht – dann muss man früher oder später die unangenehme, aber zwingende Frage stellen: Liegt das Problem beim Menschen – oder beim System?

Seit Jahrzehnten, ja Jahrhunderten, praktizieren Millionen Menschen auf der Welt unterschiedlichste spirituelle Disziplinen. Von aufwändigen Yoga-Retreats in Rishikesh, über Zen-Klöster in Japan, tibetisch-buddhistische Meditationen im Himalaya, bis hin zu westlichen Mindfulness-Zentren oder New-Age-Seminaren in Kalifornien. Es wird meditiert, visualisiert, rezitiert, geschwiegen, gefastet, gestanden, gesessen, geatmet, entgiftet und innerlich gereinigt. Ganze Bibliotheken sind gefüllt mit Anleitungen, Erfahrungen und Selbstzeugnissen über „den Weg zur Erleuchtung".

Und doch stellt sich – mit erschreckender Nüchternheit – die Frage: Wo sind all die Erleuchteten? Wo sind sie wirklich?

Nicht die, die davon reden. Nicht die, die davon träumen. Auch nicht jene, die über feine Bewusstseinszustände berichten oder energetische Erfahrungen schildern. Sondern: Wo sind die Menschen, deren Leben so grundlegend von der Transzendenz berührt wurde, dass ihr Wesen, ihr Denken, ihr Sprechen und ihr Handeln unumstößlich davon zeugen? Wo sind jene, die so mit dem Absoluten in Berührung gekommen sind, dass sie nicht mehr anders können, als davon auszustrahlen?

Die bittere Wahrheit ist: Es gibt sie kaum. Jedenfalls nicht in der Masse, die man erwarten dürfte, wenn das Versprechen der Systeme stimmt. Und selbst die wenigen, die als „Meister", „Erwachte" oder „Gurus" gelten, wirken bei näherer Betrachtung oft enttäuschend gewöhnlich. Sie altern, irren, zürnen, streiten, sammeln Geld, gründen Organisationen, sichern Machtstrukturen. Ihre „Erleuchtung" scheint kaum mehr zu bewirken als Ruhe im Geist und einen gefestigten Blick. Das ist achtenswert – aber es ist nicht das, was echte Erleuchtung wäre, wenn wir sie als Zugang zur Transzendenz begreifen.

Was sagt uns das?

Entweder ist das Ziel falsch beschrieben.
Oder der Weg dorthin ist eine Illusion.
Oder beides.

Ein spirituelles System, das über Jahrhunderte hinweg keinen einzigen verifizierbaren Erleuchteten hervorbringt, muss sich gefallen lassen, hinterfragt zu werden. Wenn die versprochene Transformation nicht eintritt – weder erkennbar noch überprüfbar – dann ist das nicht mehr bloß eine „individuelle Blockade". Dann ist es ein strukturelles Problem.

Vielleicht liegt der Irrtum im Grundgedanken: Dass der Mensch aus sich selbst heraus zur Quelle zurückkehren kann. Dass er – durch Technik, Übung, Askese oder Hingabe – den letzten Schleier zerreißen kann. Dass er „sich selbst erlösen" kann.

Doch genau das, so unser Befund, ist die große Täuschung. Der Mensch kann nicht in die Transzendenz eindringen. Weil sie nicht ihm gehört – sondern seinem Schöpfer. Weil sie nicht durch seinen Willen geöffnet wird – sondern durch Gottes Gnade.

Erleuchtung ist kein Ziel, das man sich erarbeitet, sondern eine Begegnung, die man empfängt. Und genau deshalb funktioniert sie nur dort, wo es einen personalen Gott gibt, der sieht, hört, will und liebt.

Dort, wo es nur einen anonymen Urgrund gibt, gibt es auch niemanden, der antwortet. Dort, wo das Ich als Illusion gilt, gibt es auch keinen, der erlöst werden kann. Und dort, wo die Transzendenz als Systemprinzip oder energetischer Zustand gedacht wird, gibt es keinen Gott – und keinen Menschen, der ihm begegnet.

Darum bleiben die Erleuchteten aus. Nicht weil der Mensch zu schwach wäre. Sondern weil der Weg, den er geht, ins Leere führt.

Kapitel 6: Wo sind die Erleuchteten?

50 Jahre Suche im Westen – ohne Resultat

Wenn ein System den Anspruch erhebt, den „Weg zur Erleuchtung" zu kennen, dann stellt sich unweigerlich eine Frage: Wo sind die, die angekommen sind?

Diese Frage ist keine Polemik, sondern ein notwendiger Prüfstein. Denn jedes ernsthafte System – ob religiös, philosophisch oder spirituell – muss sich daran messen lassen, ob es Früchte trägt. Nicht Worte. Nicht Versprechen. Früchte.

In der westlichen Welt begann das Interesse an östlichen Religionen und deren Inhalten bereits Ende des 19. und Anfang des 20. Jahrhunderts, spätestens aber seit den 1960er-Jahren erfolgte dann eine systematische Öffnung gegenüber den östlichen spirituellen Lehren. Was zunächst mit der Hippiebewegung, dem Interesse an Indien, Yoga und Meditation begann, weitete sich in den folgenden Jahrzehnten zu einem breiten Strom aus: Yogazentren, Meditationsgruppen, Ashrams,

Retreats, Bücher, Gurus, Seminare, Kongresse – das ganze Spektrum an spirituellen Praktiken wurde integriert, professionalisiert und globalisiert.

Millionen von Menschen haben in den letzten fünfzig Jahren ernsthaft nach Erleuchtung gesucht. Sie haben meditiert, geschwiegen, Mantras wiederholt, sich in Askese geübt, auf Weltliches verzichtet, psychologische Prozesse durchlaufen, energetische Techniken gelernt, subtile Wahrnehmung geschult und alles Mögliche getan, was ihnen als Zugang zur „höheren Wirklichkeit" versprochen wurde. Sie haben systematisch geübt – manche ein Leben lang.

Doch wo sind die Erleuchteten?

Nicht die Selbstvermarkter. Nicht die Konferenzredner mit teurem Seminarprogramm. Nicht die Lehrer mit weichgezeichneten Biografien und nebulösen Erfahrungsberichten. Sondern echte Menschen, bei denen man mit voller innerer Klarheit sagen kann: Ja, hier hat jemand den Zugang zur

Transzendenz erfahren. Hier ist jemand durch die Schleier gegangen.

Man sucht vergeblich. Und das nicht nur im Westen.

Auch in den Ursprungsländern der großen spirituellen Disziplinen – Indien, Tibet, Nepal, Japan – ist die Zahl der Erleuchteten, sofern man realistisch und kritisch bleibt, erschütternd gering. Selbst unter hunderttausenden Yogis, Sadhus, Swamis und Mönchen sind kaum Persönlichkeiten bekannt geworden, die in ihrem Sein, Sprechen, Handeln und Ausstrahlung wirklich den Eindruck erwecken, dass sie durch das im Licht der Transzendenz nachhaltig transformiert worden sind. Es gibt einige wenige große Gestalten – meist rückblickend stilisiert, oft mystifiziert –, aber selbst bei diesen bleibt unklar, was genau sie „erleuchtet" macht.

Und nun, nach über fünfzig Jahren praktischer Erfahrung mit all den Systemen, stellt sich heraus: Es ist nicht nur so, dass das Ziel kaum jemand erreicht. Vielmehr ist völlig

unklar, ob es überhaupt je erreicht wurde –
und wenn ja, wodurch.

Die Systeme selbst – ob sie nun Vedanta, Zen,
Tantra oder „Achtsamkeit" heißen – bleiben
die Antwort schuldig. Es gibt keine durchgän-
gige, überprüfbare Linie von Menschen, die
durch Übung XY systematisch in den Zustand
der Erleuchtung eingetreten wären – ganz im
Gegenteil: Der Begriff bleibt diffus, die Wege
widersprüchlich, die Ergebnisse unsichtbar.

Was folgt daraus?

Mindestens dies: Der Westen hat fünfzig
Jahre lang auf das falsche Pferd gesetzt. Und
es ist an der Zeit, sich das einzugestehen.

Die große Faszination für östliche Spiritualität, für Selbstoptimierung, Selbsttranszen-
dierung, Selbstvergöttlichung – sie war ein
Irrweg. Nicht weil die Praktiken schlecht wären. Nicht weil die Menschen dumm wären.
Sondern weil das System strukturell nicht
halten kann, was es verspricht. Es führt nicht
in die Transzendenz. Es führt im Kreis.

Wer keine Adresse hat, an die er sich wenden kann, wird am Tor der Ewigkeit nicht anklopfen. Und wer keinen Zugang zu einem personalen Gott hat, kann auch keine persönliche Begegnung mit dem Ewigen erwarten.

Darum bleibt der Weg zur Erleuchtung verschlossen. Nicht weil er zu schwierig ist. Sondern weil er nur durch Beziehung gangbar ist – nicht durch Technik.

Exkurs: Warum der Westen die Illusion der Selbsterlösung so bereitwillig übernahm

Der Westen ist in der Moderne nicht einfach vom Weg abgekommen. Er hat ihn bewusst verlassen. Und der neue Pfad, den er wählte, war gepflastert mit einem Versprechen: Freiheit. Autonomie. Selbstbestimmung. Doch dieses Versprechen hatte eine stille, kaum ausgesprochene Bedingung – Gott musste gehen.

Die Vertreibung des Schöpfers

Die geistige Dynamik dieser Entwicklung lässt sich weit zurückverfolgen. Spätestens mit der Aufklärung begann sich ein neues Menschenbild durchzusetzen: der Mensch als Maß aller Dinge, als rationales Subjekt, das durch Beobachtung und Denken zur Wahrheit gelangt. Gott, bis dahin Quelle allen Seins, allen Wissens und aller Ordnung, wurde zur Hypothese unter vielen – und schließlich zur überflüssigen.

Die Französische Revolution versuchte gar, Gott durch die Vernunft selbst zu ersetzen, indem sie „Notre-Dame" zur „Kathedrale der Vernunft" umwidmete. Der Mensch, so schien es, konnte auf eigenen Füßen stehen. Der Himmel wurde leergeräumt, das Diesseits vergöttlicht. Und in dieser neuen Ordnung gab es keinen Platz mehr für einen personalen, transzendenten Gott, dem man Gehorsam, Vertrauen und Liebe schuldete.

Darwin, Freud, Marx – die neue Dreifaltigkeit

Mit Charles Darwin wurde das Leben erklärt, ohne dass ein Schöpfer nötig gewesen wäre. Mit Sigmund Freud wurde die Religion zur Projektion verdrängter Wünsche. Und mit Karl Marx wurde der Glaube zur Vertröstung der Unterdrückten. Diese „moderne Dreifaltigkeit" wirkte tief: Sie entmachtete die Vorstellung eines absoluten, personalen Gottes systematisch.

Gleichzeitig blieb das Bedürfnis nach Sinn, Heilung und Erlösung bestehen – nur durfte es nicht mehr Gott gelten.

Die Entdeckung des Ostens – und die neue Hoffnung auf Selbsterlösung

Und dann kam der Osten. In den religiösen und spirituellen Systemen Asiens fand der Westen genau das, was er suchte – ohne es bewusst zu wissen:

Spiritualität ohne Gott.

Selbstvervollkommnung ohne Demut.

Techniken ohne Gnade.

Erleuchtung ohne Erlöser.

Ab dem 18. Jahrhundert begannen europäische Gelehrte, die indische Kultur und Philosophie systematisch zu studieren. Man übersetzte die Veden, interpretierte den Buddhismus, staunte über Yoga, Tantra, Vedanta. Und man brachte all das – gefiltert durch westliche Rationalität und kolonialen Exotismus – nach Europa.

Die große Stunde kam aber im späten 19. Jahrhundert: Swami Vivekananda wurde 1893 in Chicago auf dem „Parlament der Weltreligionen" gefeiert. Er brachte den Advaita Vedanta – eine hochabstrakte Lehre vom „Einen ohne Zweites" – in eine säkulare Welt, die sich gierig an dieser Offenbarung berauschte. Hier war „Religion", aber ohne Sünde. Ohne Schuld. Ohne Gehorsam. Ohne Person. Ohne Schöpfer. Ohne Vater.

Der Westen war begeistert.

Die große Projektion

Was der Westen ab diesem Zeitpunkt tat, war nichts anderes als eine gigantische Projektion: Er übertrug seinen eigenen Wunsch nach Autonomie, Selbstverfügung und Selbstvergöttlichung auf fremde Systeme – und formte sie nach seinem Bild. Dabei entstanden Hybride aus östlicher Technik und westlicher Ideologie, aus jahrtausendealten Praktiken und postmodernen Bedürfnissen.

Beispiele dafür sind:

- Yoga als „Fitness mit Seele"
- Meditation als „Stressmanagement"
- Achtsamkeit als „Tool für Führungskräfte"
- Advaita Vedanta als spiritueller Nihilismus light

Doch all das hatte mit dem ursprünglichen Anliegen dieser Systeme kaum mehr etwas zu tun – und mit echter Transzendenz überhaupt nichts.

Die bequeme Ausblendung Gottes

Warum war das alles so attraktiv? Weil es das eine versprach, was der personaler Gott im Modell 1 nie zulassen würde: absolute Selbstbestimmung. Wer sich selbst erlösen will, braucht keinen Gott. Und wer keinen Gott will, muss sich selbst erlösen. Die Sache ist einfach – und tragisch.

Denn sie läuft ins Leere.

Ein transzendenter, personaler Gott stellt Ansprüche: Liebe, Treue, Umkehr, Vertrauen. Ein unpersönlicher Urgrund stellt keine Fragen – aber er gibt auch keine Antwort. Der eine fordert die Seele – der andere lässt sie zurück.

Die Bilanz: Ein hoher Preis

Der Westen hat viel gewonnen – Technologie, Wohlstand, Mobilität. Aber er hat den Sinn verloren. Die Entfremdung, die Leere, die psychische Fragilität unserer Gesellschaften sprechen eine klare Sprache. Der Versuch, sich selbst zu erlösen, endet nicht in der Erleuchtung, sondern im Burnout. Nicht in der Freiheit, sondern in der Erschöpfung. Nicht im Frieden, sondern im Nebel.

Die Illusion der Selbsterlösung hat den Westen fest im Griff – und genau deshalb müssen wir sie entlarven.

Denn ohne Rückkehr zum personalen Gott gibt es keine Erlösung. Keine Transzendenz. Keine Ewigkeit.

Auch in Asien: Auffällige Leerstelle

Es ist leicht, das Fehlen von „Erleuchteten"
im Westen mit kultureller Unerfahrenheit,
spiritueller Unreife oder falscher Umsetzung
zu erklären – und genau das wird oft getan.
Der Westen, so heißt es, sei zu laut, zu ver-
kopft, zu ungeduldig, zu egozentrisch. Die
wirkliche Tiefe, so wird behauptet, finde man
in Asien – dort, wo die spirituellen Praktiken
ihren Ursprung haben. Aber ist das wirklich
so?

Ein nüchterner Blick zeigt: Auch in den Ur-
sprungsregionen östlicher Erleuchtungstra-
ditionen ist das Phänomen der „Erleuchtung" auffällig abwesend. Trotz Jahrtausen-
den intensiver Praxis, trotz Millionen von
Mönchen, Yogis, Asketen und Laienpraktizie-
renden, trotz einer tief verwurzelten kultu-
rellen Verankerung entsprechender Disziplinen – echte, glaubhaft erleuchtete Menschen sind extrem selten. Ja, man spricht von
ihnen. Man erzählt Legenden, schreibt Hagi-
ographien, errichtet Schreine und verbreitet
Anekdoten. Doch die greifbare Realität sieht
anders aus.

Die moderne asiatische Welt – Indien, Tibet, Japan, China, Südostasien – ist keineswegs durchdrungen von leuchtenden Weisen, die in dauerhafter Einheit mit dem Absoluten leben. Im Gegenteil: Auch dort herrschen Unwissenheit, Machtmissbrauch, materielle Gier, soziale Härte und spirituelle Leere – genau wie im Westen. Und wenn vereinzelt charismatische Lehrer hervortreten, dann bleiben auch sie nicht frei von Machtstrukturen, finanziellen Interessen, inneren Widersprüchen und teilweise sogar Skandalen.

Wenn wir ehrlich sind, müssen wir feststellen: Die religiösen Systeme selbst bewahren zwar oft eine gewisse Würde und Tiefe, aber die Versprechen ihrer inneren Vollendung – sprich: der Zustand der Erleuchtung – bleiben auch in ihren Ursprungsländern meist uneingelöst. Und wenn es in 2.000 Jahren kontinuierlicher Übung, innerhalb ganzer Kulturen, in denen die spirituelle Praxis das tägliche Leben bestimmt, kaum zu messbaren Resultaten kommt, dann darf man die Frage stellen: Liegt das Problem wirklich nur bei den Praktizierenden? Oder vielleicht doch am Konzept?

Wir erleben weltweit – auch in Asien – dieselbe Leerstelle: Die „Erleuchteten", die mit dem Absoluten eins geworden sind, treten nicht in Erscheinung. Sie sind nirgends greifbar. Sie sind immer schon tot, irgendwo anders, geheim oder unverständlich. Oder sie verschwinden in einem diffusen Ideal, das man nicht überprüfen kann. Was aber bleibt, ist die nüchterne Erkenntnis: Auch in der spirituell „versiertesten" Weltregion ist die Erleuchtung mehr Behauptung als Realität.

Was sagt das über das System aus? Was sagt das über ein spirituelles Ideal, das auch dort nicht realisiert wird, wo es kulturell am tiefsten verankert ist? Vielleicht, nur vielleicht, ist es nicht der Westen, der „zu wenig versteht" – sondern die Grundlage selbst, die eine Fata Morgana verspricht, die keiner je erreicht.

Wenn niemand ankommt – war der Weg vielleicht falsch?

Stell dir vor, Millionen Menschen brechen auf, um einen bestimmten Berg zu erklimmen. Sie folgen uralten Karten, hören auf Lehrer, die behaupten, den Gipfel gesehen zu haben, und üben sich in Techniken, die angeblich zum Ziel führen. Generation um Generation versucht es, investiert Lebenszeit, Hingabe, Disziplin – und doch kommt niemand oben an. Niemand kehrt zurück mit klarer Sicht, mit einer Karte vom Gipfel, mit einem veränderten Wesen, das wirklich dauerhaft Licht ausstrahlt. Was würde man in jedem anderen Bereich des Lebens daraus folgern?

Man würde sagen: Der Weg ist falsch.

Und genau das müssen wir uns – ohne Zynismus, aber mit Klarheit – im Hinblick auf das Konzept der Erleuchtung fragen. Wenn seit Jahrhunderten Millionen von Menschen weltweit Meditation praktizieren, Yoga üben, sich Askesen unterwerfen, sich zurückziehen, schweigen, fasten, kontemplieren – und trotzdem niemand wirklich dort ankommt, wo all diese Systeme behaupten hinzuführen –, dann darf und muss die Frage erlaubt sein: Führt der Weg überhaupt dorthin? Oder ist das Ziel eine Fiktion – oder das Navigationssystem irregeleitet?

Wir leben heute in einer Welt, in der fast alles dokumentiert, beobachtbar und kommunizierbar geworden ist. Es gibt globale Plattformen, unzählige spirituelle Bewegungen, moderne Technik und Offenheit – aber keine greifbaren Erleuchteten. Es gibt keine klar identifizierbaren Menschen, die diesen Weg durchschritten haben und in einem Zustand leben, der objektiv mit dem versprochenen Endzustand identisch ist. Nicht einmal annähernd. Stattdessen findet man bestenfalls charismatische Lehrer mit guten Absichten – oder mit weniger guten –, die ihre eigene Suche als Erfolg verkaufen.

Doch wenn niemand das Ziel je erreicht – und das seit Jahrhunderten – dann muss man fragen, ob das Ziel überhaupt erreichbar ist. Oder ob es vielleicht falsch definiert ist. Vielleicht war es nie ein real existierender

Ort, sondern ein psychologischer Köder. Vielleicht war es nie eine Linie in Richtung Transzendenz, sondern eine Schleife im eigenen Geist, die den Suchenden auf sich selbst zurückwirft.

Und: Vielleicht liegt der fundamentale Fehler im System selbst – in der Grundannahme, der Mensch könne sich aus eigener Kraft erlösen. Vielleicht ist genau diese Annahme die Illusion. Und vielleicht besteht wahre Erkenntnis darin, diese Illusion zu durchschauen – und zu erkennen, dass der Weg zu Gott nicht von innen nach außen, sondern von oben nach unten beginnt.

Die Rolle von Geschäft, Macht und Illusion in spirituellen Bewegungen

In kaum einem anderen Bereich des menschlichen Lebens liegen Ideale und Realität, Licht und Schatten so nah beieinander wie im Feld der sogenannten Spiritualität. Denn wo es um das Höchste geht – um Erlösung, Erleuchtung, Transzendenz –, ist das Potenzial der Verführung am größten. Und gleichzeitig die Fallhöhe.

Es ist kein Geheimnis, dass ausgerechnet die spirituelle Suche – jene vermeintlich reinste, uneigennützigste Form des menschlichen Strebens – zur Bühne geworden ist für Ego, Macht, Geld, Missbrauch und Illusion. Was als Weg zur Wahrheit verkauft wird, ist nicht selten ein Geschäftsmodell. Und was als innere Freiheit beworben wird, führt oft in neue Abhängigkeiten – von Lehren, Gruppen, Gurus und Systemen.

Der Markt der „spirituellen Angebote" ist riesig – Retreats, Seminare, Ausbildungen, Onlinekurse, Ashrams, Pilgerreisen, Bücher, Mantras, Kristalle, Energietechniken,

Transformationserfahrungen. Die Sehnsucht der Menschen nach Sinn und Halt ist tief – und sie ist bares Geld wert. Das wissen die Anbieter. Und viele von ihnen agieren genau wie Anbieter auf jedem anderen Markt: Sie verkaufen Versprechen. Sie generieren Hoffnung. Und sie lassen sich die Reise gut bezahlen – wohl wissend, dass kaum jemand jemals ankommt.

Doch damit nicht genug: Neben der ökonomischen Verwertung spielt auch das Bedürfnis nach geistiger Macht eine Rolle. Wer über „Wissen" verfügt, das andere nicht haben, steht über ihnen. Wer behauptet, „erwacht" oder „erleuchtet" zu sein, entzieht sich der Kritik. Und wer seine eigene innere Leere mit der Rolle des spirituellen Lehrers füllt, braucht die Sehnsüchte anderer, um sich selbst als etwas Besonderes zu fühlen.

Dabei lebt das ganze System nicht nur vom Geschäft – es lebt von der Illusion. Die Illusion, dass es irgendwo „da draußen" ein Wissen gibt, das man nur lernen, anwenden oder trainieren muss, um endlich „anzukommen". Die Illusion, dass man durch

Techniken, Übungen und Methoden einen Zustand erreichen kann, der das Leiden beendet, das Leben erleuchtet und die Seele erlöst – ohne Gott, ohne Gnade, ohne transzendente Quelle. Eine Illusion, die jahrzehntelang aufrechterhalten werden kann – durch Gruppen-Feedback, meditative Zustände, Euphorie, Gruppendynamik, Projektionen und nicht zuletzt durch das eigene Ego, das keine Niederlage eingestehen will.

Denn was wäre die Alternative? Zu erkennen, dass man einem Phantom nachgelaufen ist? Dass das „spirituelle Ich" nicht nur kein Ich ist, sondern auch keine Rettung? Dass Erlösung ohne Erlöser nicht nur schwierig, sondern unmöglich ist?

Gerade deshalb klammert sich das System an seine Grundannahmen: Dass der Mensch sich selbst befreien kann. Dass Erleuchtung in ihm selbst liegt. Dass es keinen Gott braucht – und wenn doch, dann einen, der vor allem „in uns" lebt. Diese Narrative sind die tragenden Pfeiler der modernen spirituellen Bewegung. Sie sind psychologisch attraktiv, gesellschaftlich kompatibel, ideologisch anschlussfähig – und deshalb so erfolgreich. Doch sie führen nicht zum Ziel.

Denn in Wahrheit – und das ist der Kern unseres Buches – ist Selbst-Erlösung eine Fiktion. Kein Mensch kann sich selbst erlösen, weil niemand aus sich selbst heraus Zugang zur Transzendenz hat. Erlösung ist kein mentaler Zustand. Erlösung ist eine Beziehung. Und wo es keine Beziehung zum personalen Gott gibt, gibt es keine Erlösung – nur Bewegung im Kreis.

Kapitel 7: Warum der Mensch den personalen Gott ablehnt

Verantwortung, Gehorsam, Rechenschaft – die Zumutung der Wahrheit

Es ist eine der auffälligsten Paradoxien der Gegenwart: Je mehr der Mensch nach „Spiritualität" verlangt, desto weniger will er von einem personalen Gott wissen. Je größer die Sehnsucht nach Sinn, Transzendenz und innerem Frieden, desto energischer die Ablehnung jener Instanz, die allein all dies in letzter Tiefe schenken könnte – des lebendigen, personalen, transzendenten Schöpfers.

Doch warum ist das so? Warum fällt es dem modernen Menschen – gerade im Westen – so schwer, den Gedanken an einen persönlichen Gott auch nur in Betracht zu ziehen? Warum sucht er Erlösung lieber im Kosmos, in der Natur, im Universum, in unpersönlicher „Energie", in abstrakten Prinzipien oder in sich selbst – als sich dem lebendigen Gott zu stellen?

Die Antwort ist einfach. Und sie ist unbequem: Weil der personale Gott eine Zumutung ist.

Ein transzendenter Schöpfer, der Person ist – also Wille, Bewusstsein, Intention, Urteilskraft, Beziehung – stellt an den Menschen Forderungen. Er ist nicht nur Projektionsfläche für fromme Wünsche oder spiritueller Resonanzraum für Selbstfindung, sondern Gegenüber. Und als Gegenüber ist er nicht nur Quelle von Trost und Liebe, sondern auch Instanz von Wahrheit, Maßstab, Gesetz – und Ziel.

Ein personaler Gott erwartet Antwort. Und er hat ein Recht auf Gehorsam. Wer ihn ernst nimmt, steht unter seinem Blick, unter seiner Autorität, unter seinem Anspruch. Wer von ihm kommt, gehört ihm. Und wer ihm begegnen will, muss sich beugen. Nicht aus Zwang, sondern aus Wahrheit. Nicht weil Gott ein Despot wäre – sondern weil er der Ursprung ist, der Schöpfer, das Maß aller Dinge.

Das aber will der moderne Mensch nicht hören. Denn die Vorstellung, dass es jemanden

gibt, dem er Rechenschaft schuldet, ist ihm
unerträglich geworden. Er will sich selbst ge-
hören. Er will entscheiden, definieren, gestalten, sich ausdehnen – aber nicht verant-
worten. Der Begriff der Schuld ist ihm fremd
geworden, das Wort „Gehorsam" gilt als an-
rüchig, und selbst die Idee, dass es ein objek-
tives „Sollen" geben könnte, wird als autori-
tär empfunden.

Ein personaler Gott aber kennt keine beliebige Moral, keine beliebige Wahrheit, keine
beliebige Realität. Er ist Wahrheit. Und das
heißt: Es gibt richtig und falsch. Es gibt Gut
und Böse. Es gibt ein Ziel – und ein Gericht.
Wer das anerkennt, stellt sich unter ein Licht,
das alles sichtbar macht – auch das, was man
lieber verbergen würde. Die Begegnung mit
dem personalen Gott ist kein angenehmer
Spaziergang durch den eigenen Seelengar-
ten. Sie ist ein brennender Dornbusch.

Deshalb weicht der Mensch aus. Und er tut
es auf die subtilste aller Weisen: Er verlagert
das Göttliche in unpersönliche Kategorien.
Der „kosmische Ursprung", die „universelle
Energie", das „All-Eine", die „unendliche

Intelligenz", das „Sein" – all diese Begriffe geben spirituelle Wärme ab, ohne etwas zu fordern. Sie trösten, ohne zu prüfen. Sie lassen Raum, ohne Konsequenz. Sie ersetzen Beziehung durch Gefühl, Wahrheit durch Empfinden, Gehorsam durch Selbstbestimmung.

Man betet nicht zur Energie. Man gehorcht nicht dem All-Einen. Man legt keine Rechenschaft ab vor dem kosmischen Prinzip. Genau deshalb sind diese Konzepte so attraktiv: Sie entziehen sich jeder persönlichen Bindung – und schenken zugleich den Anschein von Tiefe. Sie erlauben dem Menschen, sich spirituell zu fühlen, ohne sich geistlich beugen zu müssen. Sie lassen ihn sich als Suchenden inszenieren, ohne dass er sich als Gefundenen erkennen lassen muss.

Der Preis für diese spirituelle Unverbindlichkeit ist hoch: Er besteht im Verlust der Wahrheit, der Verantwortung – und letztlich der Erlösung. Denn nur wer sich dem personalen Gott stellt, kann von ihm gerettet werden. Wer sich lieber vor einem Spiegel als vor dem Thron verneigt, bleibt allein.

Der Traum von absoluter Freiheit und Autonomie

Der Mensch unserer Zeit liebt die Freiheit – oder vielmehr das, was er dafür hält. Autonomie, Unabhängigkeit, Selbstbestimmung, Wahlfreiheit – das sind die großen Zauberworte des modernen Weltbildes. Nichts gilt als heiliger als das souveräne Ich, das sich selbst entwirft, sich selbst verwirklicht, sich selbst genügt. Und je stärker dieser Traum geträumt wird, desto weniger Platz bleibt für einen Gott, der Anspruch erhebt.

Denn ein personaler Gott – so er wirklich existiert – ist keine Projektion. Er ist nicht auswechselbar, nicht verfügbar, nicht relativierbar. Er ist kein Impuls in meinem Bewusstsein, keine Funktion meiner Seele, sondern absolute Realität – unabhängig von mir. Und wenn er existiert, dann hat er einen Willen. Dann ist die Welt nicht leer, sondern geordnet. Dann hat der Mensch ein Ziel, das er sich nicht selbst gegeben hat – und eine Aufgabe, die nicht zur Disposition steht.

Für das postmoderne Bewusstsein ist das inakzeptabel. Denn es zerstört die zentrale Illusion der Gegenwart: Dass der Mensch sich selbst zum Maßstab machen kann, ja machen muss. Der Glaube an die eigene Autonomie ist zur letzten Bastion des Selbstverständnisses geworden. Ihn zu hinterfragen, heißt die Grundmauern des modernen Weltbildes ins Wanken zu bringen. Und genau deshalb ist der persönliche Gott so unerwünscht – denn er demaskiert die Autonomie als Illusion.

Autonomie heißt ursprünglich: „sich selbst das Gesetz geben". Doch wer kann das wirklich? Wer vermag aus sich selbst heraus Sinn, Wahrheit, Moral und Ziel zu generieren? Wer kann sich selbst erlösen, sich selbst rechtfertigen, sich selbst in die Ewigkeit führen? Niemand. Und doch ist es genau das, was der moderne Mensch – wider besseres Wissen – für möglich hält. Er will frei sein – radikal, bedingungslos, schrankenlos. Doch in Wahrheit ist es oft nur Flucht: Flucht vor Gott, vor Wahrheit, vor Verantwortung. Und paradoxerweise auch Flucht vor sich selbst.

Denn wo es keinen Schöpfer gibt, gibt es auch keine Geschöpfe. Und wer kein Geschöpf sein will, verliert genau das, was ihn eigentlich ausmacht: seine Einzigartigkeit, seine Würde, seine Beziehung zum Ursprung. Die vermeintliche Freiheit, die er gewinnt, ist leer. Sie ist nicht die Freiheit der Kinder Gottes, sondern die Entwurzelung des heimatlosen Ichs.

Es ist bemerkenswert, wie sehr dieser Traum von Autonomie auch spirituelle Bewegungen durchdringt. „Du bist selbst göttlich", „Gott ist in dir", „Erkenne dich selbst – und du wirst frei sein", „Ich und Gott – Gott und ich – sind Eins". Solche Sätze klingen tiefgründig, doch sie sind oft nur spirituelle Umverpackungen derselben alten Selbstermächtigungsideologie. Das Ziel ist immer das gleiche: Unabhängigkeit. Nicht Beziehung. Nicht Hingabe. Nicht Gnade. Sondern Kontrolle – über das eigene Schicksal, über das eigene Heil, über Gott selbst.

Aber: Freiheit ohne Wahrheit ist keine Freiheit. Und Autonomie ohne Anbindung wird zur Einsamkeit. Nur der, der sich als Geschöpf erkennt, kann die Freiheit der Liebe erfahren. Nur der, der sich Gott beugt, wird aufgerichtet. Denn nur wer sich vom Ursprung her versteht, kann zu seinem Ziel gelangen. Und dieses Ziel ist kein Zustand – sondern eine Begegnung. Mit einem Gegenüber. Mit dem Einen, der sagt: Ich bin der Weg, die Wahrheit und das Leben.

Die subtile Motivation hinter der Wahl unpersönlicher Systeme

Die Wahl eines spirituellen Weltbildes ist selten rein intellektuell. Hinter den scheinbar rationalen Argumenten stehen oft tiefere, psychologisch und existenziell motivierte Dynamiken – kaum bewusst, aber wirksam. Besonders deutlich wird das bei der Frage, warum so viele Menschen, die sich ernsthaft mit Spiritualität beschäftigen, gerade jene Systeme bevorzugen, in denen ein personaler, transzendenter Gott gar nicht oder nur am Rand vorkommt. Advaita Vedanta, Zen-Buddhismus, esoterischer Monismus oder das populäre „Universum" der New-Age-Szene – sie alle locken mit Tiefe, aber bleiben letztlich vage. Warum?

Die Antwort ist unbequem – und doch notwendig: Unpersönliche Systeme versprechen Spiritualität ohne Beziehung, Tiefe ohne Gehorsam, Transzendenz ohne Konsequenz. Sie bieten die Möglichkeit, sich mit dem Höheren zu verbinden, ohne sich einem Willen beugen zu müssen, ohne Rechenschaft abzulegen, ohne sich einer Autorität anzuvertrauen. Sie entlasten – vor allem das Gewissen.

In einem unpersönlichen Weltbild wird das Göttliche nicht mehr als Gegenüber erfahren, sondern als Prinzip, Energie, Zustand – etwas, das ich integrieren, erkennen oder erreichen kann. Es fordert mich nicht heraus, ruft mich nicht, prüft mich nicht. Es liebt mich nicht – aber es verurteilt mich auch nicht. Es erlöst mich nicht – aber es fordert auch keinen Glauben. Es ist einfach da – und wartet auf meine Selbstverwirklichung.

Genau das macht diese Systeme so attraktiv für den modernen Menschen: Sie schützen das Selbst vor der Zumutung der Wahrheit. Wer einen personalen Gott anerkennt, muss anerkennen, dass er nicht das Maß aller Dinge ist. Er muss sich beugen, sich führen lassen, sich korrigieren lassen. Wer das nicht will – bewusst oder unbewusst – wird sich zu Weltbildern hingezogen fühlen, in denen es kein echtes Gegenüber gibt. Und je intellektueller, subtiler oder mystischer diese Systeme daherkommen, desto besser lassen sie sich rechtfertigen.

Daher ist die Ablehnung des personalen Gottes selten offen. Sie zeigt sich oft in einer Haltung des vermeintlichen Respekts: „Ich glaube nicht an den alten Mann im Himmel – das ist doch ein naives Gottesbild." Oder: „Gott ist Energie, Bewusstsein, Licht." Dahinter steht nicht nur ein Missverständnis, sondern oft eine bewusste Entscheidung: Gott soll keine Person sein – weil eine Person einen Willen hat. Und ein Wille stellt Ansprüche.

Ein unpersönliches System ist dagegen beliebig. Ich kann es interpretieren, umdeuten, anpassen. Ich bin nicht „vor Gott" – sondern nur in einem Prozess, einer Dynamik, einem Strom. Ich bleibe Subjekt. Ich bleibe souverän.

Doch gerade das entlarvt die tiefe Not solcher Systeme: Sie bieten keine Erlösung, sondern nur endlose Selbstdrehung. Es gibt keinen Ausweg – weil es keinen Ruf gibt, keinen Rufenden, keinen Vater. Die Transzendenz bleibt abstrakt, leer, stumm. Und am Ende steht nicht die Erkenntnis, sondern die Erschöpfung.

Unpersönliche Systeme sind oft nicht Resultat spiritueller Tiefe, sondern Ausdruck geistiger Flucht. Sie vermeiden das Eigentliche. Denn das Eigentliche ist keine Lehre – sondern ein Du.

Die Weigerung, Geschöpf zu sein

In der Tiefe aller Rebellion gegen Gott liegt ein einziger, fundamentaler Affekt: die Weigerung, Geschöpf zu sein. Denn wer anerkennt, dass er ein Geschöpf ist, anerkennt zugleich, dass er nicht aus sich selbst ist – dass er abhängig ist, gewollt, gemacht und damit verantwortlich. Genau diese Abhängigkeit ist es, die dem modernen Menschen unerträglich geworden ist.

Der Begriff Geschöpf ist in seiner Tragweite kaum zu überschätzen. Er ist kein bloß poetischer Ausdruck für ein Lebewesen. Er ist eine ontologische Aussage: Ich bin nicht mein eigener Ursprung. Ich bin nicht mein eigener Sinn. Ich bin nicht mein eigener Herr. Ich bin – aber ich bin nicht aus mir selbst. Mein „Ich bin" verweist auf ein anderes, höheres „Ich bin", aus dem ich hervorgegangen bin und dem ich mich – ob ich will oder nicht – verdanke.

Diese Wahrheit ist für viele heute eine Kränkung. Denn sie bricht das Dogma der Autonomie. Wer sich selbst als Geschöpf erkennt,

erkennt einen Gott über sich – und das heißt: Maßstab, Instanz, Richter, Vater. All das will der moderne Mensch nicht mehr. Er will Freiheit – aber eine, die keinerlei Bindung kennt. Er will Entwicklung – aber ohne Richtung und Ziel. Er will Spiritualität – aber ohne Wahrheit, ohne Urteil, ohne Gehorsam. Deshalb sucht er nach Wegen, die ihn aus der Geschöpflichkeit herausführen – und landet in Systemen der Selbsterlösung, Selbstverwirklichung, Selbstvergottung.

Aber genau das ist die Urversuchung der Menschheit. „Ihr werdet sein wie Gott", heißt es in der Genesis, im Bericht vom Sündenfall. Es war nie einfach der Wunsch nach Erkenntnis. Es war der Wunsch, das Sein an sich zu besitzen. Nicht mehr geschaffen zu sein – sondern selbst zu schaffen. Nicht mehr abhängig – sondern absolut. Nicht mehr gerufen – sondern rufend. Nicht mehr empfangend – sondern gebietend. Genau hier liegt das wahre Drama: Die Weigerung, Geschöpf zu sein, ist keine harmlose Marotte – sie ist der Riss in der Schöpfung.

Christliche Theologie hat diese Wahrheit nie verschwiegen. Der Mensch ist geschaffen im Bild Gottes, ja – aber nicht als Gott. Und genau darin liegt seine Größe, seine Würde, seine Einmaligkeit: Er ist gewollt. Er ist geliebt. Er ist gemeint. Diese Wahrheit lässt sich nicht selbst erzeugen. Sie kann nur empfangen werden. Wer aber kein Geschöpf sein will, der verschließt sich auch dieser Wahrheit – und verurteilt sich damit zur geistigen Verlassenheit.

In Wahrheit ist das „Ja" zum Geschöpfsein kein Verlust, sondern der Anfang von allem. Denn nur wer sich als geschaffen erkennt, kann sich zurückgeben – kann lieben, gehorchen, danken, beten. Und nur wer diese Bewegung vollzieht, wird frei – nicht im Sinn grenzenloser Selbstbehauptung, sondern im Sinn echter Beziehung: Ich bin, weil Du bist.

Der Mensch, der sich weigert, Geschöpf zu sein, hat letztlich keinen Ort mehr in der Schöpfung. Er wird zum Irrläufer, zum Nomaden des Geistes, zum Getriebenen ohne Zentrum. Unsere Zeit ist voll von solchen Menschen – und voller Systeme, die ihnen einreden, sie seien auf dem richtigen Weg. Aber sie sind es nicht. Sie sind auf der Flucht – vor der einzig rettenden Wahrheit: Du bist Geschöpf. Und das ist gut so.

Teil II – Christus: Der einzige Weg

Kapitel 8: Der Einbruch der Transzendenz

Die Inkarnation: Gott wird Mensch – was das wirklich bedeutet

Es gibt Ereignisse in der Geschichte, die alles verändern. Und es gibt ein einziges Ereignis, das nicht nur die Geschichte, sondern das Wesen der Wirklichkeit selbst verändert hat: die Inkarnation Gottes in Jesus Christus.

Der Satz „Gott wird Mensch" klingt für viele Ohren vertraut, vielleicht zu vertraut. Er ist zu einem theologischen Allgemeinplatz geworden – ein Dogma, das man kennt, aber nicht mehr durchdringt. Und doch steht genau hier das größte Mysterium des Christentums: Der transzendente, ewige, ungeschaffene Gott, der jenseits aller Materie, Zeit, Form und Vorstellung existiert, tritt in diese Welt ein. In Fleisch, in Raum, in Zeit. In ein ganz konkretes historisches Umfeld, in die Begrenztheit eines menschlichen Körpers, in die Bedürftigkeit eines neugeborenen Kindes.

Was bedeutet das?

Es bedeutet: Die absolute Wirklichkeit, die jenseits aller Erscheinung existiert, ist nicht länger nur jenseits. Sie kommt herab. Sie offenbart sich – nicht nur in Erscheinungen, nicht nur durch Propheten, nicht nur in Bildern und Träumen, sondern leibhaftig. Die Transzendenz selbst durchstößt die Grenze zwischen der ewigen und der geschaffenen Welt. Nicht symbolisch, nicht metaphorisch – sondern real.

In der Person Jesu Christi begegnen wir also keinem bloßen Lehrer, keinem Propheten, keinem spirituellen Meister. Wir begegnen Gott selbst – in Menschengestalt. Das ist der Anspruch des Christentums. Und dieser Anspruch ist so gewaltig, dass er entweder vollkommen wahr ist – oder der größte Irrtum aller Zeiten.

Nur wenn wir die Inkarnation wirklich ernst nehmen, begreifen wir ihre radikale Bedeutung: Es ist nicht der Mensch, der sich zu Gott erhebt – sondern Gott, der sich zum Menschen erniedrigt. Und genau das unterscheidet das Christentum von allen anderen Religionen. Wo andere Wege den Menschen auffordern, durch Erkenntnis, Disziplin oder Hingabe zu höheren Bewusstseinsstufen aufzusteigen, sagt das Christentum: Du kannst es nicht. Aber Gott kann – und er tut es. Aus freiem Willen, aus Liebe, aus Erbarmen.

Die Menschwerdung Gottes ist die größtmögliche Annäherung zwischen der Schöpfung und ihrem Ursprung. Und sie offenbart zwei entscheidende Wahrheiten:

Gott ist Person. Nur eine Person kann sich mitteilen. Nur eine Person kann Beziehung suchen. Nur eine Person kann lieben – und freiwillig den Abstieg in die Begrenztheit des Geschöpflichen wählen.

Der Mensch ist gewollt. Denn warum sonst sollte sich der Schöpfer selbst derart entäußern, wenn nicht aus tiefer, göttlicher Sehnsucht nach dem Menschen? Die Inkarnation ist keine Machtdemonstration – sie ist eine Einladung. Eine ausgestreckte Hand, ein heiliger Ruf: „Komm heim."

In Jesus Christus wird deutlich: Gott ist nicht fern. Er ist nicht abstrakt, nicht unberührbar. Er ist mit uns. Und er kennt alles, was wir kennen – Hunger, Müdigkeit, Angst, Einsamkeit, Versuchung. Nichts Menschliches ist ihm fremd – außer die Sünde.

Die christliche Inkarnationslehre stellt uns damit vor eine ungeheure Konsequenz: Wenn Gott Mensch geworden ist, dann hat sich das Verhältnis zwischen Himmel und Erde unwiderruflich verändert. Die Grenze ist durchlässig geworden. Die Transzendenz hat sich geöffnet – nicht von unten her, durch menschliche Anstrengung, sondern von oben her, durch göttliche Initiative.

Und genau darin liegt der eigentliche Anfang der Erlösung. Nicht in unserem Tun – sondern in seinem Kommen.

Der metaphysische Durchbruch: Die Auferstehung als Realität

Die Kreuzigung Jesu war ein Schock für seine Jünger. Ihr Meister, an den sie als Messias glaubten, wurde entehrt, gefoltert und wie ein gewöhnlicher Verbrecher hingerichtet. Alles schien verloren. Doch nur drei Tage später geschieht etwas, das nicht nur ihre Welt, sondern die Wirklichkeit selbst erschüttert: Das Grab ist leer – und der Gekreuzigte lebt.

Für das Christentum ist die Auferstehung Jesu von den Toten kein symbolisches Bild, kein inneres Erwachen, keine mythologische Erzählung – sie ist ein historisches, reales, leibhaftiges Ereignis. Und sie ist mehr als nur ein Wunder. Sie ist ein metaphysischer Durchbruch, ein Riss in der Struktur der Welt, wie sie bis dahin galt. Ein Einbruch der Ewigkeit in die Zeit. Ein Triumph über die finale Schranke aller Kreatürlichkeit: den Tod.

Was geschieht mit der Auferstehung?

Mit der Auferstehung wird der Tod entmachtet. Nicht auf poetische oder philosophische

Weise, sondern real: Ein Mensch, der wahrer Gott und wahrer Mensch ist, stirbt – und kehrt mit einem verwandelten, unvergänglichen Leib zurück. Und dieser Leib ist der erste seiner Art. Er kehrte nicht zurück ins alte Leben – sondern hinein in das neue, das jenseits von Verwesung, Schmerz, Raum und Zeit liegt. Das ist kein Rückschritt, keine Reanimation – das ist der Beginn einer neuen Schöpfungswirklichkeit.

Die Bibel spricht von Christus als dem „Erstling der Entschlafenen" (1 Kor 15,20). Das bedeutet: Was in ihm geschehen ist, wird auch an jenen geschehen, die ihm folgen. Er ist der Erste, der das Reich des Todes durchschritten und überwunden hat – nicht nur für sich selbst, sondern für alle, die an ihn glauben.

Das ist der zentrale, dramatische Unterschied zu allen anderen religiösen oder spirituellen Lehrerfiguren: Krishna starb – und kehrte nicht wieder. Buddha starb – und erreichte Nirvana, das Aufgehen im formlosen Urgrund. Mohammed starb – und kehrt nicht zurück. Auch viele andere Religionsgründer, z.B. Laozi (Taoismus), Mahavira (Jainismus),

Zarathustra (Zoroastrismus) und andere, starben und kehrten nicht wieder. Einzig Jesus Christus starb und kehrte zurück! Er lebt nach seinem physischen Tod weiter und zeigte sich seinen Jüngern und vielen Menschen darüber hinaus. Er lebt mit einem neuen Leib, einer neuen Wirklichkeit, einer neuen Dimension – und genau diese wird den Seinen verheißen.

Hier geschieht das, was kein Mensch, kein Halbgott, kein meditativer Zustand je hätte leisten können: die Tür zur Transzendenz wird von innen heraus geöffnet. Nicht durch menschliche Kraft, sondern durch göttliches Handeln. Nicht durch Selbsterlösung, sondern durch Selbsthingabe.

Die Auferstehung ist also nicht nur die Bestätigung der Göttlichkeit Jesu – sie ist die Grundbedingung für jede Hoffnung auf ewiges Leben. Denn nur einer, der selbst den Tod überwunden hat, kann auch andere hindurchführen. Nur einer, der selbst von jenseits der Todesgrenze zurückgekehrt ist, kann mit Gewissheit sagen: „Ich bin die

Auferstehung und das Leben. Wer an mich glaubt, wird leben, auch wenn er stirbt." (Joh 11,25)

Ohne die Auferstehung gäbe es kein Christentum. Ohne die Auferstehung wäre Jesus nur ein weiser Lehrer, ein guter Mensch, vielleicht ein Prophet – aber kein Retter. Erst die Auferstehung macht ihn zum Brückenschlag zwischen dem Endlichen und dem Ewigen, zwischen dem Geschöpflichen und dem Göttlichen.

Was für ein Anspruch! Und was für eine Hoffnung!

Wenn das Grab leer ist – dann ist der Tod nicht das Ende. Dann ist die Grenze nicht mehr unüberwindlich. Dann ist der Weg offen. Und der Weg hat einen Namen: Jesus Christus.

Christus als „Pfadfinder": Warum er den Weg öffnet, den niemand sonst gehen konnte

Wenn man den Gedanken der Auferstehung Jesu Christi als Realität annimmt – nicht als Gleichnis oder inneres Bild, sondern als tatsächliches Geschehen –, dann stellt sich unmittelbar eine Frage: Was bedeutet dieses Ereignis für die Menschheit insgesamt? Die Antwort darauf erschüttert jede bisherige Vorstellung vom Dasein, denn sie lautet: Jesus Christus hat etwas vollbracht, das kein anderer vollbringen konnte – und dadurch einen Weg geschaffen, den es vorher nicht gab.

Er ist nicht bloß Lehrer oder Wegweiser. Er ist der Weg. Und das im wörtlichsten Sinne.

Was bedeutet das?

In einem Universum, das durch Trennung gekennzeichnet ist – Trennung zwischen Schöpfer und Geschöpf, zwischen Zeit und Ewigkeit, zwischen Leben und Tod – gibt es keine Brücke aus eigener Kraft. Die Kluft ist unüberwindbar. Die Astralwelten der Halbgötter, die mentalen Höhen der Mystik, die Lehren weiser Gurus oder die Tiefen des meditativen Bewusstseins – all das bleibt auf der Seite der Geschöpflichkeit. Kein Wesen kann sich selbst in die Transzendenz erheben. Niemand vermag aus eigener Macht zum ewigen Leben zu gelangen.

Doch dann kommt einer, der nicht nur Mensch, sondern auch Gott ist. Einer, der von jenseits der Grenze kommt – nicht durch Anstrengung dorthin gelangen will, sondern aus ihr heraus zu uns tritt. Er, der das Ewige selbst ist, tritt in das Zeitliche ein, nimmt unsere Sterblichkeit auf sich, durchlebt Geburt, Leid, Verlassenheit und Tod – und durchschreitet diese Welt von innen heraus, um sie mit der Seinen zu verbinden.

Jesus Christus ist damit kein Wanderer auf einem bereits existierenden Pfad – er ist der Pfadfinder, im ursprünglichen Sinne. Er bahnt den Weg durch das Dickicht der Vergänglichkeit. Er durchstößt den Horizont des Todes. Und er tut es nicht für sich – sondern für alle, die ihm folgen.

Wenn er sagt: „Ich bin der Weg, die Wahrheit und das Leben. Niemand kommt zum Vater außer durch mich" (Joh 14,6), dann ist das keine Ausgrenzung – es ist eine Beschreibung des metaphysischen Sachverhalts. Denn nur er war in der Lage, diesen Durchbruch überhaupt zu vollziehen. Nur er vereint in sich die beiden Wirklichkeiten – das Endliche und das Unendliche, das Geschöpf und den Schöpfer, das Zeitliche und das Ewige.

Diese Dimension hat keine andere religiöse Figur. Krishna, Buddha, Laozi, Sokrates – sie alle haben Bedeutendes gesagt, sie alle haben Wege gezeigt. Aber keiner von ihnen hat den Tod durchschritten und den Zugang zur Transzendenz für andere geöffnet. Das konnte nur der, der selbst aus der Transzendenz kam.

Christus ist also nicht nur Heiler, nicht nur Lehrer, nicht nur Vorbild – er ist der Brückenschlag. Der eine, der den unüberwindlichen Graben überwunden hat. Und dieser Weg bleibt offen. Jeder, der ihm glaubt, der sich ihm anvertraut, wird – so sagt er – an seiner Auferstehung teilhaben. Nicht, weil er gut genug wäre. Nicht, weil er sich durch Selbstverbesserung oder Übungen würdig gemacht hätte. Sondern weil Christus vorangegangen ist. Weil er den Weg kennt. Weil er der Weg ist.

Wenn wir also heute, 2000 Jahre später, auf sein Leben, sein Sterben und seine Auferstehung blicken, dann erkennen wir: Dies war der entscheidende Punkt der Weltgeschichte. Hier hat sich die Tür zur Ewigkeit geöffnet – nicht durch menschliche Kraft, sondern durch göttliche Liebe. Nicht durch Selbsterlösung, sondern durch Gnade. Und dieser Weg bleibt offen – für jeden, der ihn gehen will.

Kapitel 9: Christus vs. Krishna – Ein notwendiger Vergleich

Liebe und Hingabe bei Krishna – aber kein ontologischer Bruch

Ein Vergleich zwischen Jesus Christus und Krishna ist nicht nur herausfordernd, sondern auch notwendig – gerade weil beide Gestalten innerhalb ihrer jeweiligen Traditionen den höchsten göttlichen Rang einnehmen. Sowohl im Christentum als auch im Gaudiya-Vaishnavismus wird nicht einfach ein Avatar oder ein spiritueller Lehrer verehrt, sondern der Ursprung allen Seins – der transzendente, personale Gott selbst. Genau deshalb ist ein ernsthafter, aufrichtiger Vergleich geboten. Nicht um Konkurrenz zu schaffen, sondern um Klarheit zu gewinnen.

Im Gaudiya-Vaishnavismus ist Krishna nicht – wie in vielen anderen hinduistischen Strömungen – ein Halbgott der astralen Zwischenwelt, einer von vielen Devas, eingebunden in ein zyklisches Weltengefüge. Vielmehr wird er dort als die Svayam Bhagavan verehrt: die höchste, ursprüngliche Form

Gottes, der Ursprung aller Inkarnationen, aller Energien, aller Welten – materiell wie spirituell. Krishna ist, aus Sicht dieser Tradition, nicht der Besucher des Kosmos, sondern sein Schöpfer. Und mehr noch: Er offenbart sich in Gestalt eines göttlichen Hirtenknaben, der in Liebe mit seinen Devotees lebt, spielt, tanzt, leidet – und sie an sich bindet durch Bhakti, durch liebevolle Hingabe.

Diese Bhakti ist das Zentrum der Spiritualität des Gaudiya-Vaishnavismus. Wer sich Krishna mit reiner, uneigennütziger Liebe hingibt, wird in seine ewige Wohnstatt aufgenommen, ins Goloka Vrindavan, jenseits von Zeit, Raum und Tod. Die Verbindung ist nicht eine rein intellektuelle, sondern eine existenzielle: der Gott ist ein geliebter Freund, ein Geliebter, ein vertrauter Herr – und der Mensch nähert sich ihm im Gefühl inniger Beziehung.

Diese Dimension ist – aus christlicher Sicht – bemerkenswert. Denn sie trägt eine Qualität in sich, die im religiösen Vergleich oft fehlt: Personale Nähe. Krishna wird nicht verehrt als eine abstrakte kosmische Energie, nicht als unpersönlicher Urgrund – sondern als jemand. Als ein Gott mit Eigenschaften, mit Wille, mit Freude, mit Persönlichkeit.

Auch im äußeren Kult zeigen sich Parallelen: In der rituellen Verehrung der Deities – den geweihten Götterbildern in den Tempeln – wird eine Art „Realpräsenz" angenommen: Krishna und seine Gefährten sind, nach dieser Vorstellung, in der Form der Gottheiten tatsächlich gegenwärtig, empfangen Speisen, schauen die Rituale, segnen die Gläubigen. Hier existiert – wenn auch anders als in der katholischen Eucharistie – ein Bewusstsein dafür, dass Gott wirklich da ist, nicht bloß symbolisch. Der Altarraum ist heilig. Der Gott lebt unter seinem Volk.

Und doch – bei aller Verehrung, bei aller Nähe, bei aller Schönheit dieser Tradition – fehlt etwas Entscheidendes: der ontologische Bruch. Das heißt: ein Ereignis, das nicht nur beschreibt, nicht nur deutet, nicht nur ruft – sondern die Wirklichkeit selbst verändert.

Krishna offenbart sich. Er ist gegenwärtig. Er liebt. Aber er bricht nicht die Struktur der Welt auf. Er durchschreitet nicht den Tod. Er hebt nicht den Fluch der Vergänglichkeit auf durch einen einmaligen, historisch verankerten Akt, der die metaphysischen Gesetze selbst verwandelt. Krishna wirkt innerhalb des Systems – Christus verändert es.

Im Gaudiya-Vaishnavismus bleibt der Mensch immer angewiesen auf die eigene Anstrengung der Säuberung, der inneren Reinigung, des sadhana-bhakti, der schrittweisen Läuterung durch Mantra, Gebet und Verzicht. Auch wenn Krishna als Gnadengeber betrachtet wird, ist das System letztlich ein Pfad der Zubereitung – nicht der Transformation durch ein einmaliges göttliches Handeln. Es fehlt der katalytische Moment, in dem Gott selbst die Trennung durchbricht.

Die Geschichte Jesu dagegen kulminiert in einem solchen Moment: in der Kreuzigung – und in der Auferstehung. Christus geht nicht nur den Weg mit – er geht voran, dorthin, wo keiner je war: durch den Tod hindurch ins neue Leben. Das ist keine spirituelle Lehre. Das ist ein metaphysisches Ereignis.

Der entscheidende Unterschied liegt also nicht in der Frage, ob Gott geliebt werden kann – beide Traditionen kennen tiefe Formen der Hingabe. Sondern in der Frage, ob Gott die Realität so grundlegend verändert hat, dass die Beziehung mit ihm nicht nur subjektiv möglich ist, sondern ob der Mensch objektiv gerettet wird. Und genau das ist im Christentum der Fall.

Die Singularität Jesu Christi als historischer und metaphysischer Akt

Wer über Jesus Christus spricht, darf ihn nicht lediglich als Weisheitslehrer, Reformer oder Heiligen betrachten. Wer das tut, bleibt an der Oberfläche stehen. Denn das Zentrum des christlichen Glaubens liegt nicht in einer bloßen Lehre – sondern in einem Ereignis. Und dieses Ereignis ist die Auferstehung Jesu von den Toten.

Was bedeutet das? Zunächst einmal: Die Auferstehung ist kein Gleichnis. Kein Symbol. Kein subjektives Erleben. Sondern eine historische, reale, physisch-metaphysische Tatsache – so bezeugt es das Neue Testament. Und so glaubte es die Kirche von Anfang an. Die Jünger Jesu gingen nicht in alle Welt, weil sie sich an einen inspirierenden Lehrer erinnerten, sondern weil sie einen Toten gesehen hatten – lebendig. Auferstanden. Unberührbar durch die Regeln dieser Welt.

Die christliche Behauptung ist radikal: In der Auferstehung Jesu hat sich die Struktur der Realität verändert. Der Tod, der bis dahin eine absolute Grenze darstellte, ist von innen her gesprengt worden. Christus ist nicht einfach nur zurückgekehrt. Er ist hindurchgegangen – und hat den Raum jenseits des Todes für alle geöffnet, die an ihn glauben.

Hierin liegt die Singularität Jesu Christi. Nicht nur in seiner Lehre – auch wenn diese erhaben ist. Nicht in seinen Wundern – auch wenn sie staunen machen. Sondern in der Tatsache, dass er der Erste war, der aus eigener Kraft, im Auftrag des Vaters, den Tod besiegt hat. Und mehr noch: dass dieser Sieg nicht nur ihm gehört, sondern von ihm weitergegeben wird.

„Ich bin die Auferstehung und das Leben. Wer an mich glaubt, wird leben, auch wenn er stirbt." (Joh 11,25)

Damit ist Jesus nicht nur ein Lehrer des Weges – er ist der Weg. Und er ist der Erste, der ihn tatsächlich gegangen ist. Paulus nennt ihn den „Erstling der Entschlafenen" (1 Kor 15,20). Was er damit meint, ist nichts Geringeres als dies: Durch die Auferstehung Christi ist etwas geschehen, das die Welt verändert hat. Ontologisch. Strukturell. Nicht im Bild, sondern in der Wirklichkeit.

Diese Sichtweise unterscheidet sich fundamental von allen spirituellen Konzepten, die von einer zyklischen Wiedergeburt oder einer allmählichen Befreiung sprechen. Im Buddhismus, im Vedanta, selbst im Gaudiya-Vaishnavismus bleibt der Tod eine Schleuse, eine Wiederholung, ein Übergang, der entweder durch unermüdliche Läuterung oder durch göttliche Gnade zu überwinden ist. Aber er ist nie überwunden worden – einmal und für alle.

Im Christentum aber geschieht genau das. Die Auferstehung Jesu ist nicht bloß eine Hoffnung auf das Jenseits. Sie ist der Beginn eines neuen Seinszustands, der sich im Gläubigen real fortsetzen kann: „Denn wenn wir mit Christus gestorben sind, so glauben wir, dass wir auch mit ihm leben werden." (Röm 6,8)

Das ist kein metaphorisches Konzept. Es ist ein metaphysischer Anspruch.

Die Auferstehung ist der Moment, in dem Gott in seiner ganzen transzendenten Macht in das Innerste der Schöpfung eingreift. Und dieser Eingriff ist nicht reversibel, nicht relativierbar, nicht einzuordnen in ein spirituelles Schema. Er übersteigt alle anderen religiösen Akte, weil er das größte aller Probleme löst: den Tod. Nicht im Denken. Nicht im Gefühl. Sondern wirklich.

Darum steht und fällt alles mit der Frage: Ist Jesus wirklich auferstanden?

Wer das bejaht, erkennt: Kein anderer Lehrer, kein anderer Prophet, kein anderer Gott hat je Vergleichbares getan. Es ist ein einmaliger, unvergleichlicher Akt – der nicht nur eine Religion begründet, sondern eine neue Existenzweise: das Leben in Christus. Und nur deshalb ist Christus der einzige, der sagen konnte – und durfte:

„Ich bin der Weg, die Wahrheit und das Leben. Niemand kommt zum Vater außer durch mich." (Joh 14,6)

Warum nur Christus den Tod überwinden konnte

Wenn wir sagen, dass nur Jesus Christus den Tod wirklich überwunden hat – und überwinden konnte –, dann ist das keine religiöse Ausgrenzung, sondern eine metaphysische Feststellung. Denn es geht nicht um die Frage, wer den Tod überwunden hat, sondern warum es überhaupt möglich war, ihn zu überwinden. Und hier offenbart sich das, was das Christentum von allen anderen Religionen und spirituellen Systemen fundamental unterscheidet.

Der Tod ist nicht einfach das Ende des biologischen Lebens. Er ist die tiefste und umfassendste Folge der Trennung des Geschöpfes von seinem Schöpfer. Er ist Ausdruck des Zerfalls, des Verlustes, der Abwesenheit der Quelle. In diesem Sinne ist der Tod nicht nur ein Naturphänomen – er ist eine metaphysische Katastrophe. Eine direkte Folge der Sünde, die den Menschen von Gott trennt. Und weil die Trennung von Gott das Gegenteil von Leben ist, ist der Tod in seiner tiefsten Form ein geistiger Zustand: die vollständige Abwendung vom Ursprung.

Wenn das aber so ist, dann ergibt sich logisch: Nur derjenige, der selbst ohne Sünde ist, der also nicht von Gott getrennt ist, nicht vom Tod betroffen sein müsste, kann den Tod von innen heraus überwinden – und damit für andere den Weg zur Überwindung freimachen.

Und genau das ist Jesus Christus.

Er ist der einzig Sündlose, der einzig Reine, der einzig Ungetrennte. Weil er nicht geschaffen, sondern gezeugt ist vom Vater – „wahrer Gott vom wahren Gott", wie es im Credo heißt –, trägt er nicht den Makel der Trennung in sich, der auf allen anderen Menschen lastet. Er ist das Licht aus dem Licht, eins mit dem Vater, selbst inkarniertes ewiges Leben.

Nur dieser kann den Tod nicht nur durchleiden, sondern auch brechen.

Und das ist der Unterschied zu allen anderen „erleuchteten" Wesen, Heiligen, Halbgöttern oder Avataren: Sie mögen den Tod verzögern, überlisten, aufschieben oder spirituell deuten – aber keiner von ihnen hat ihn durchquert und aufgelöst. Der Tod hat über sie alle Macht behalten. Über die Devas ebenso wie über Buddha. Über Zarathustra ebenso wie über Mahavira. Sie alle sind gestorben – und sind gestorben als Teil der Schöpfung.

Christus aber ist gestorben als der Herr der Schöpfung.

Er ist nicht durch Tod und Wiedergeburt „hindurchgewandert" wie ein Yogi im Kreislauf der Seelenwanderung. Sondern er ist in den Tod hinabgestiegen – und mit neuem Leib wieder hervorgetreten. Und dieser Leib ist kein bloßer Lichtkörper oder energetisches Feld, sondern ein realer, verklärter, unsterblicher Leib, der gesehen, berührt, erkannt werden konnte. Und der nicht mehr stirbt.

Hier liegt der entscheidende Punkt: Christus hat das Sein selbst umgewandelt. Er hat nicht nur den Weg gezeigt, sondern den Weg geschaffen. Er hat nicht nur den Tod erlitten – sondern ihn entmachtet.

„Der letzte Feind, der entmachtet wird, ist der Tod." (1 Kor 15,26)

Darum konnte kein anderer den Tod überwinden. Denn niemand sonst war sowohl voll Mensch als auch voll Gott. Niemand sonst trug in sich den göttlichen Logos in Person. Und niemand sonst wurde vom Vater gesandt, um die Menschheit zu erlösen – durch ein einmaliges, unwiederholbares Opfer.

Der Tod konnte nur durchdrungen werden, weil Gott selbst in den Tod hineinging.

Und deshalb ist Christus der Einzige, der sagen kann:

„Ich war tot, doch siehe, ich lebe in Ewigkeit, und ich habe die Schlüssel des Todes und der Unterwelt." (Offb 1,18)

Kapitel 10: Die Wahrheit ist exklusiv – und offen für alle

Warum die christliche Botschaft einzigartig ist

Es ist ein Paradox – und doch ein notwendiges: Die christliche Botschaft ist in ihrem Kern exklusiv, weil sie auf eine Wahrheit verweist, die nicht relativierbar ist. Und sie ist gleichzeitig offen für alle, weil diese Wahrheit keine Grenzen kennt, außer der Weigerung, sie anzunehmen.

Christus hat nie gesagt: Ich bin ein Weg. Oder: Ich bin ein Lehrer unter vielen. Er sagte:

„Ich bin der Weg, die Wahrheit und das Leben. Niemand kommt zum Vater außer durch mich." (Joh 14,6)

Das ist keine Einladung zur Intoleranz. Es ist die Beschreibung einer Realität. Wer glaubt, dass Jesus tatsächlich gestorben und auferstanden ist, wer ernst nimmt, dass der Tod nicht das letzte Wort behalten hat, sondern von Jesus Christus gebrochen wurde – der kann nicht gleichzeitig behaupten, dies sei nur eine spirituelle Möglichkeit unter vielen.

Denn wenn Christus die Tür zur Ewigkeit wirklich geöffnet hat, dann gibt es keine andere.

Der Anspruch der christlichen Botschaft ist nicht exklusiv aus Eitelkeit, sondern aus Logik. Er ist nicht elitär, sondern einzigartig – weil das, was in Christus geschehen ist, in keinem anderen Menschen, keiner anderen Religion, keiner anderen Mythologie je geschehen ist:

Kein anderer Religionsstifter hat von sich gesagt, selbst die Wahrheit zu sein.

Kein anderer hat behauptet, Sünde vergeben zu können – aus eigener Vollmacht.

Kein anderer hat den Tod durchschritten und überwunden – sichtbar, greifbar, historisch bezeugt.

Kein anderer hat den Menschen nicht nur Lehre, sondern Leben gegeben – göttliches, ewiges Leben.

Die christliche Wahrheit ist deshalb exklusiv, weil sie in ihrem Inhalt nicht verallgemeinert werden kann, ohne sich selbst aufzulösen.

Aber sie ist gleichzeitig radikal inklusiv.

Denn sie richtet sich an alle Menschen – unabhängig von Herkunft, Kultur, Intellekt, Frömmigkeit oder Schuld. Der Zugang zur Wahrheit hängt nicht von Vorleistung ab, nicht von Wissen, nicht von Askese. Sondern allein von der Bereitschaft, sich rufen zu lassen.

„Wer da dürstet, komme; und wer will, der nehme das Wasser des Lebens umsonst." (Offb 22,17)

Der Anspruch Christi ist nicht exklusiv, um auszuschließen, sondern um einzuladen. Er sagt: Es gibt einen Weg – aber jeder darf ihn gehen.

Diese Kombination – absolute Wahrheit und absolute Offenheit – ist das, was die christliche Botschaft von allen anderen unterscheidet. Es geht nicht um einen elitären Zirkel der „Erleuchteten", nicht um geheim gehaltenes Wissen, nicht um stufenweise Einweihung. Sondern um einen persönlichen Ruf an jeden Menschen:

„Komm und folge mir nach." (Mt 19,21)

Was diese Einladung bedeutet – und warum sie keine Abwertung anderer Wege, sondern ein Ruf zur Umkehr und Heilung ist – das werden wir im nächsten Abschnitt näher betrachten.

Kein elitäres Dogma, sondern logische Folgerung

Oft wird der christliche Glaube von außen als ein elitäres oder ausschließendes Dogma wahrgenommen. Als etwas, das anderen Glaubensrichtungen ihre Daseinsberechtigung abspricht, als anmaßend oder überheblich, weil es beansprucht, im Besitz der alleinigen Wahrheit zu sein. Doch ein solcher Vorwurf beruht in aller Regel auf einem Missverständnis – nämlich auf der Verwechslung von Offenbarung mit Meinung, und von Logik mit Ideologie.

Das Christentum behauptet seine Einzigartigkeit nicht aus Abgrenzung oder Selbstüberhöhung, sondern aus einer inneren, inhärenten Notwendigkeit. Wenn die Auferstehung Jesu Christi tatsächlich geschehen ist – und der gesamte Glaube steht oder fällt mit dieser Behauptung –, dann handelt es sich dabei nicht um eine mögliche Deutung unter vielen, sondern um ein singuläres, weltveränderndes Faktum.

Ein Mensch, der den Tod nicht nur erlitten, sondern durchbrochen hat – nicht im symbolischen oder metaphorischen Sinn, sondern real, sichtbar, körperlich –, stellt eine Kategorie dar, die es zuvor nicht gab. Und damit ergibt sich zwangsläufig: Wer diesen Durchbruch akzeptiert, kann ihn nicht einfach auf eine Stufe stellen mit anderen spirituellen Wegen, deren Ziel lediglich Selbsterkenntnis, Versenkung, innerer Frieden oder moralische Besserung ist. Denn diese mögen wertvoll sein – aber sie brechen nicht den Tod.

Es ist keine Frage des Geschmacks oder der spirituellen Präferenz. Wenn jemand tatsächlich die Tür zur Ewigkeit geöffnet hat, dann kann diese Tür nicht gleichzeitig an zehn anderen Stellen offenstehen. Wahrheit schließt aus – nicht weil sie willkürlich oder dogmatisch wäre, sondern weil sie definierend ist.

Ein einfacher Vergleich: Wer die Ursache für eine Krankheit entdeckt hat, hat nicht eine mögliche Erklärung geliefert, sondern die Lösung des Problems – alles andere mag interessant sein, ist aber nicht mehr notwendig, wenn das Wirkliche erkannt wurde. So ist es auch mit Christus. Seine Person, sein Leben, sein Tod und seine Auferstehung sind keine Hypothese, sondern das Zentrum der Realität – wenn sie wahr sind. Und genau daran glauben Christen.

Wer das versteht, erkennt auch: Es handelt sich nicht um ein elitäres Dogma, sondern um eine logische Folgerung.

Nicht: Wir Christen sind besser als andere. Sondern: Das, was Christus getan hat, hat niemand sonst getan – und niemand sonst konnte es tun.

Daraus ergibt sich keine Ablehnung anderer Menschen oder Religionen. Im Gegenteil: Es ergibt sich ein tiefes Verständnis für ihre Suche, ihre Fragen, ihre Sehnsucht. Denn genau das ist es, was Christus beantwortet – endgültig, unwiderruflich, einladend.

Der Weg ist eng, weil er durch eine einzige Tür führt. Aber diese Tür steht allen offen.

Die Einladung zur Umkehr, nicht zur Abwertung anderer

Wer behauptet, dass Christus der einzige Weg zu Gott ist, wird oft beschuldigt, intolerant zu sein. Doch wer genauer hinschaut, erkennt: Die christliche Botschaft ist keine Ausgrenzung, sondern eine Einladung – eine offene, liebevolle, radikale Einladung. Sie richtet sich nicht an eine Elite, nicht an moralisch Perfekte, nicht an besonders religiöse Menschen, sondern an alle. Und gerade darin liegt ihre Sprengkraft.

Der Anspruch, dass nur Christus retten kann, ist kein Urteil über andere Religionen oder Menschen. Es ist keine Herabsetzung, keine Verurteilung, keine ideologische Verwerfung fremder Kulturen oder spiritueller Traditionen. Es ist die schlichte, ernste, weltverändernde Aussage: In Christus hat sich Gott selbst dem Menschen zugewandt – und zwar in einer Weise, die kein Mensch je hätte erfinden oder aus sich heraus erreichen können.

Dieser Anspruch ist so klar wie demütigend. Denn er bedeutet: Der Mensch kann sich nicht selbst erlösen. Kein System, keine Technik, keine Lehre, keine Leistung reicht aus, um den Abgrund zu überbrücken, der zwischen der gefallenen Schöpfung und dem absoluten Gott besteht. Erlösung ist kein Resultat menschlicher Anstrengung, sondern eine Tat Gottes. Und der Ort, an dem diese Tat geschehen ist, ist das Kreuz. Die Person, durch die sie geschehen ist, ist Jesus Christus.

Deshalb ist das Christentum nicht exklusiv im Sinne von abschottend, sondern im Sinne von konkret. Es macht ein Angebot – aber es ist ein ernsthaftes Angebot. Es bedeutet nicht: „Alle Wege führen zum Ziel", sondern: „Es gibt einen Weg – und du bist eingeladen, ihn zu gehen."

Diese Einladung steht jedem offen – ohne Ansehen der Person, der Herkunft, des Geschlechts, der Geschichte, der Schuld. Und gerade weil diese Einladung so universell ist, enthält sie keinerlei Grundlage für Überheblichkeit. Denn niemand kann sich rühmen, diesen Weg aus sich selbst heraus gefunden oder gar verdient zu haben. Wer Christus erkennt, hat nicht gewonnen – er ist gerettet worden.

Die Wahrheit ist also exklusiv, weil sie real ist – aber sie steht jedem offen, weil sie Liebe ist.

Wer das versteht, kann mit Mitgefühl auf alle anderen spirituellen Wege blicken – nicht als Richter, sondern als Zeuge. Und jeder, der diesem Weg folgt, ist gerufen, nicht zu urteilen, sondern einzuladen. Nicht abzuwerten, sondern vorzuleben. Denn es geht um nichts Geringeres als das Leben – das wirkliche, ewige, unzerstörbare Leben, das nur Gott schenken kann.

Schlusskapitel: Rückkehr zum Vater

Warum der Mensch nur in Beziehung zu Gott ganz werden kann

Es gibt eine Sehnsucht im Menschen, die nichts in dieser Welt stillen kann. Kein Erfolg, keine Liebe, keine Erkenntnis, kein Fortschritt, keine Technik. Sie ist tief verankert, kaum artikulierbar – und doch bestimmend für alles, was wir tun. Es ist die Sehnsucht, zurückzukehren. Zurück an den Ursprung. Zurück zu dem, was wahr, ganz und ewig ist. Zurück zum Vater.

Der Mensch ist ein relationales Wesen. Er erkennt sich selbst nicht im Spiegel, sondern im Du. Das gilt im Kleinen – in jeder menschlichen Beziehung – ebenso wie im Großen: in der Beziehung zum Ursprung seines Seins. Nur in dieser Beziehung wird er ganz. Nur im Angesicht dessen, der ihn gewollt, geformt, gerufen hat, kann er verstehen, wer er ist.

Jede Philosophie, die das Ich aus dem Du befreien will, führt letztlich in die Leere. Und jede Spiritualität, die sich nicht an ein

Gegenüber richtet, sondern nur auf sich selbst zurückfällt, bleibt eine Schleife ohne Ziel. Denn die Mitte des Seins ist nicht eine Kraft, ein Prinzip, eine abstrakte Leere – sondern ein Ich, das spricht: „Ich bin, der ich bin."

Wenn der Mensch dieses göttliche Ich erkennt – nicht als Idee, sondern als lebendige Wirklichkeit – dann erkennt er auch sich selbst. Erst im Antlitz Gottes wird das eigene „Ich bin" zur Gewissheit. Und nur deshalb ist der Mensch überhaupt in der Lage, wahrhaft frei zu sein: weil es ein Du gibt, das ihn trägt.

Diese Rückbindung – diese Wiederaufnahme in die Beziehung – ist keine moralische Leistung, keine geistige Technik, keine ethische Pflicht. Es ist Gnade. Es ist ein Angebot. Es ist die ausgestreckte Hand des Vaters, der nicht will, dass eines seiner Kinder verloren geht. Der Mensch wird nicht ganz, indem er sich selbst verwirklicht – sondern indem er sich annimmt als das, was er ist: ein Geschöpf Gottes, geliebt, gewollt und gerufen.

Diese Rückkehr zum Vater ist nicht Flucht aus der Welt. Im Gegenteil: Sie ist der tiefste Eintritt in die Wirklichkeit. Denn nur wer weiß, woher er kommt und wohin er geht, kann im Jetzt bestehen. Die Beziehung zu Gott ist keine Flucht aus dem Irdischen, sondern die Heilung des Irdischen. Sie ist der Punkt, an dem das Getrennte wieder eins wird – nicht durch Auflösung, sondern durch Versöhnung.

Und das ist das Evangelium: Du bist gemeint. Du bist gerufen. Du bist geliebt. Und der Weg zurück steht offen.

Warum jede Selbsterlösung eine Selbsttäuschung ist

Die Vorstellung, sich selbst erlösen zu können, ist eines der verführerischsten – und zugleich tragischsten – Konzepte der modernen Spiritualität. Sie verspricht Autonomie, Würde, Selbstermächtigung. Sie klingt nach Freiheit, nach innerem Wachstum, nach einem Weg, der ohne fremde Autorität auskommt. Doch hinter dieser glänzenden Fassade verbirgt sich ein fundamentaler Irrtum: Der Mensch kann sich selbst nicht erlösen. Und er war nie dazu geschaffen, es zu versuchen.

Erlösung ist kein innerweltlicher Vorgang. Es geht nicht um mentale Balance, emotionale Gesundheit oder eine möglichst „hohe Schwingung". Es geht um die Überwindung einer Grenze, die der Mensch aus eigener Kraft nicht durchdringen kann: die Grenze des Todes. Jene Linie, die alles Irdische umschließt. Die Grenze, hinter der nicht das Nichts liegt, sondern die Wirklichkeit Gottes – und vor der niemand bestehen kann, der nicht von Gott her gehalten ist.

Alle Systeme, die Erlösung als Selbstentwicklung, Selbsterkenntnis oder Selbstüberwindung verstehen, ignorieren diese fundamentale Struktur des Seins. Sie tun so, als sei die Transzendenz ein Raum, den man betreten könne, wenn man nur genug übt, denkt, meditiert oder verzichtet. Doch das ist Illusion. Niemand betritt den Thronsaal Gottes, weil er eine bestimmte Atemtechnik beherrscht. Niemand überquert den Abgrund der Endlichkeit durch kontemplative Versenkung. Niemand kann sich selbst von Schuld befreien – weil Schuld immer eine Beziehung betrifft und nur durch Vergebung aufgehoben werden kann.

Selbsterlösung ist eine Form des geistigen Narzissmus. Sie klingt bescheiden, weil sie oft mit Demut und Disziplin einhergeht – doch im Kern ist sie ein Aufstand gegen die Wahrheit: gegen die Wahrheit, dass wir Geschöpfe sind; dass wir bedürftig sind; dass wir Erlösung nicht machen, sondern empfangen müssen.

Und genau hier liegt der eigentliche Skandal des Christentums: Es sagt dem Menschen nicht, was er tun muss, um erlöst zu werden. Es sagt ihm, dass es bereits geschehen ist. Dass der Weg geöffnet ist – nicht durch Technik, nicht durch Lehre, nicht durch Disziplin, sondern durch eine Person: Jesus Christus. Die Gnade, die der Mensch im Evangelium empfängt, ist nicht das Ergebnis seiner Bemühungen, sondern der Anfang eines neuen Lebens. Alles andere ist Täuschung.

Wer an der Selbst-Erlösung festhält, mag es gut meinen. Doch er verkennt die Wirklichkeit. Und in letzter Konsequenz verweigert er sich dem Einzigen, der ihn wirklich retten kann.

Der Ruf Gottes an jeden Einzelnen

Wenn das Evangelium von Jesus Christus eines deutlich macht, dann dies: Gott ruft nicht die Menschheit als amorphe Masse, nicht anonyme Seelenkontingente oder spirituelle Prinzipien – er ruft den Einzelnen. Persönlich. Direkt. Mit Namen.

Schon im Alten Testament lesen wir: „Ich habe dich beim Namen gerufen, du bist mein" (Jes 43,1). Und Jesus selbst spricht zu seinen Jüngern nicht in Form abstrakter Theorien, sondern in radikaler, persönlicher Ansprache: „Folge mir nach!" – ein Ruf, der sich durch die ganze Geschichte zieht und in jeden Moment hineinreicht. Auch in diesen. Auch jetzt.

Doch dieser Ruf bleibt nicht folgenlos. Er stellt den Menschen vor eine Entscheidung. Denn so wie die Erlösung nicht durch menschliche Leistung verdient werden kann, so kann sie auch nicht passiv empfangen werden – wie ein Geschenk, das man nimmt und vergisst. Nein, das Angebot der Erlösung ist eine Einladung zur Beziehung. Und jede Beziehung verlangt eine Antwort.

Diese Antwort ist nicht theoretisch. Sie ist nicht bloß ein inneres Gefühl. Sie ist ein Akt der freien Willensentscheidung: Jesus Christus anzunehmen, sein Opfer anzuerkennen, seine ausgestreckte Hand zu ergreifen – und den Weg mit ihm wirklich zu gehen. Das bedeutet auch, seine Gebote ernst zu nehmen. Nicht als starre Moral, sondern als Ausdruck seiner Weisheit und seines Willens. Nicht aus Angst, sondern aus Liebe. Wer das Geschenk der Erlösung empfängt, ist zugleich aufgerufen, sein Leben danach auszurichten – nicht aus Zwang, sondern weil er erkannt hat, wem er gehört.

Ja, Erlösung ist Gnade. Aber Gnade ist nicht billig. Sie hat einen Preis – nicht für uns, sondern für ihn. Christus hat ihn bezahlt. Und weil das so ist, ist unsere Antwort nicht gleichgültig. Wer dieses Geschenk ausschlägt, verweigert sich nicht nur einer spirituellen Option. Er verweigert sich dem Leben selbst.

Aber der Ruf bleibt. Geduldig. Unaufdring-
lich. Aber unüberhörbar. Und er richtet sich
an jeden Einzelnen. Er fragt nicht nach Ver-
gangenheit, nach Leistung, nach Würdigkeit.
Er fragt nur: Willst du? Willst du leben? Willst
du heimkehren?

In der Tiefe des Herzens weiß jeder Mensch,
dass dieser Ruf echt ist. Dass er nicht aus uns
stammt. Dass er mehr ist als religiöse Nostal-
gie oder psychologische Projektion. Es ist die
Stimme des Vaters. Und sie ruft sein Kind.

Der Ernst und die Schönheit der Entscheidung

Es gibt Entscheidungen im Leben, die sind endgültig. Nicht im Sinne von Starrheit, sondern weil sie das Wesen unseres Daseins berühren. Wer sich entscheidet, dem Ruf Gottes zu folgen – oder ihn bewusst abzulehnen –, trifft eine solche Entscheidung. Sie ist keine Episode, kein Experiment, kein Gedankenspiel. Sie ist ein Schnitt. Ein Bekenntnis. Eine Wende.

Denn wer sich auf den Weg zu Gott macht, verlässt den Mythos der Autonomie. Er lässt hinter sich, was so viele fest umklammert halten: die Illusion von Selbstgenügsamkeit, die bequeme Ausrede der Unwissenheit, das ewige Aufschieben. Er tritt ein in eine Realität, in der er nicht mehr der Maßstab ist – sondern Geschöpf, geliebtes Geschöpf eines personalen, ewigen Gottes.

Das ist ernst. Ja. Es ist fordernd. Ja. Denn es bedeutet: Verantwortung übernehmen. Nicht nur für das eigene Leben, sondern für die Antwort, die man auf die Wahrheit gibt.

Es bedeutet: bereit zu sein, sich prüfen zu lassen – und zu bekennen. Es bedeutet: bereit zu sein, das Geschenk der Erlösung anzunehmen – aber auch zu leben.

Doch dieser Ernst ist keine Schwere. Er ist keine Last. Denn in diesem Ernst liegt auch die Schönheit. Die Schönheit eines Lebens, das Sinn hat – nicht erfunden, sondern empfangen. Die Schönheit einer Liebe, die ewig trägt – nicht projiziert, sondern gegeben. Die Schönheit einer Hoffnung, die den Tod überwindet – nicht poetisch, sondern real.

Denn wer „Ja" sagt zu Christus, sagt „Ja" zum Leben. Nicht nur zum Diesseits – sondern zum Leben in seiner tiefsten, endgültigsten Form: zur Gemeinschaft mit Gott in der Transzendenz. In Ewigkeit.

Diese Entscheidung ist keine religiöse Pflichtübung. Sie ist auch keine kulturelle Konvention. Sie ist die tiefste Bewegung des Herzens, das die Wahrheit erkennt – und ihr nicht länger ausweichen will.

Gott zwingt niemanden. Er wirbt. Er ruft. Er wartet. Aber er lässt uns die Freiheit – und in dieser Freiheit liegt der Ernst der Wahl. Doch wer sie trifft – wirklich trifft –, wird nicht verlieren. Sondern finden. Sich selbst. Den Sinn. Und den Vater.

Es ist Zeit zurückzukehren.

Weitere Texte vom gleichen Autor:

Yuval Noah Harari: Was er sagt. Was er denkt. Und was das mit Gott zu tun hat.

BoD Verlag, 2025
ISBN 9 783 819 248641

Auf der Suche nach Gott:
Eine spirituelle Autobiographie

BoD Verlag, 2025
ISBN 9 783 819 264832

Ich Bin!
Bewusstsein: Wille und Ewigkeit

BoD Verlag, 2025
ISBN 9 783 819 295171

Jenseits von Raum und Zeit:
Bewusstsein, Transzendenz und die Grenzen
des Materialismus

BoD Verlag, 2025
ISBN 9 783 769 357981

Vom Licht zur Leere.
Wie der Westen seine Wahrheit verlor.

BoD Verlag, 2025
ISBN 9 783 769 354607

Der Gottesbeweis.
Warum ein bewusster Schöpfer die
einzige Erklärung ist.

BoD Verlag, 2024
ISBN 9 783 759 777751

Bewusstsein, Individuum, Gott
Ein offener Dialog

BoD Verlag, 2024
ISBN 9 783 769 303018

Entscheidung für den Glauben
Die willentliche Rückkehr zu Gott als Rettung
aus der Krise.

BoD Verlag, 2024
ISBN 9 783759 785060

**Die Architektur des Glaubens: Weltbilder
und ihre Auswirkungen**
Die Rolle des Theismus und des Christentums
in einer fragmentierten Welt.

BoD Verlag, 2023
ISBN 9 783757 890032

Gott ist Person!
Warum es wichtig ist, Gott als ein ewiges, unveränderliches Individuum zu begreifen.

BoD Verlag, 2019
ISBN 9 783744 820004

Das Diesseits, das Jenseits und die Kraft der Liebe
Was Sie über das Leben und das Sterben wissen müssen.

BoD Verlag, 2013
ISBN 9 783842 358577

Alle Veröffentlichungen sind als Taschenbuch und als E-Book erhältlich.